AF272010

Heidrun Maurer

Seelisch fit für die Liebe
Ein Yoga für Kopf und Herz

**Die Autorin:**

Jahrgang 41, Pädagogikstudium, Heirat, zwei Söhne.

Künstlerisches Schaffen (Malerei, Skulpturen, Collagen), Ausstellungen im In- und Ausland.

Warum-Fragerin. Die entscheidenden Antworten findet sie im Yoga. Seit vielen Jahren unterrichtet sie Yoga und hält Vorträge und Seminare.

**Das Buch:**

Was können wir tun, um die Liebe in uns lebendig zu erhalten ? Sie wird blockiert durch destruktive Gefühle wie Wut, Angst, Haß, Depression, Eifersucht usw. Diese Blockaden können aufgelöst werden. Die Autorin schöpft aus dem uralten Erfahrungsschatz des Yoga und zeigt den roten Faden auf, der uns durch das Labyrinth unserer Innenwelt hindurch leitet und uns zu einem bewußten Umgang mit uns selbst und dem Leben befreit.

Heidrun Maurer

# Seelisch fit für die Liebe

# Ein Yoga für Kopf und Herz

© 2000 by Heidrun Maurer

Umschlaggestaltung und Abbildungen: Heidrun Maurer

Herstellung: Libri Books on Demand, Hamburg

ISBN  3 - 89811 - 864 - 9

# Inhalt

Danksagung      7
Zum Geleit      9
Einführung      11
Seelisch fit für die Liebe      13
Emotionale Intelligenz      14
Yoga für Kopf und Herz      18

WIE FUNKTIONIERT UNSERE GEISTIG-SEELISCHE
NATUR?      **21**
Denken und Fühlen sind die Überlebensinstrumente
des Menschen      23
Der Zusammenhang von Denken und Fühlen      31
Persönlichkeit und Ego      39
Es gibt weder Schuld noch Sünde, es gibt nur Unbewußtheit      43
Verzeihen heißt, dem negativen Ego zu entsagen      47
Die schöpferische Macht unseres Glaubens      52
Das höhere Selbst, unser göttlicher Kern, als innerer Leitstern      57
Die Perspektive des Ewigen im Leben unserer Seele      68
Die Kommunikation mit unserem höheren Selbst      89
Den kostbaren Moment des JETZT zur Veränderung nutzen      102
Durch bewußte Weiblichkeit zu einer himmlischen Partnerschaft      114

## WIE LEBEN WIR PRAKTISCH IM EINKLANG MIT DER MÄNNLICHEN UND WEIBLICHEN SEITE UNSERER SEELE ? 119

Die Eigenschaften der männlichen und weiblichen Natur 121

Die Auswirkungen männlicher und weiblicher Energien im Gesamtgefüge des Lebens 133

Die Natur der männlichen und weiblichen Sexualität 144

Das Einfädeln und Gestalten der Beziehung ist Frauensache. 147

Das Geheimnis einer glücklichen Beziehung 153

Liebe als Willensakt 163

Anja 167

## DAS "GEHEIME" WISSEN VOM WEG DES MENSCHEN ZU SICH SELBST HÄLT UNSERE KULTUR IN MÄRCHEN, MYTHEN UND METAPHERN "VERSTECKT" 179

Rumpelstilzchen 180

Dornröschen 183

Herkules 186

Sonne und Mond 189

Die Schöpfungsgeschichte 194

1. Die geistige Ebene 194

2. Die seelische Ebene 197

3. Die körperliche Ebene 201

Das Tesafilm-Problem 205

# Danksagung

Meinem Schicksal danke ich,

daß es mir Eltern gab, deren Liebe mir eine sonnige Kindheit geschenkt hat,

daß es mir dann einen Mann gab, dessen Eigenarten die Liebe für mich immer wieder zu einer großen Herausforderung gemacht haben,

daß es mir schließlich einen Lehrer gab, der mir gezeigt hat, wie ich meine Blockaden überwinden und die Quelle der Liebe in mir selbst öffnen kann. Meinem verehrten Yoga-Lehrer, Herrn Mahindra Pedro de Souza, gilt deshalb mein besonderer Dank. Er hat mir die entscheidenden Tipps zum Leben gegeben.

Aus Dankbarkeit gebe ich sie in diesem Buch weiter.

Heidrun Maurer

## Zum Geleit

Viele Frauen haben die Hoffnung aufgegeben, Liebe zu finden, oder wenn sie sie gefunden haben, die Liebesflamme lebendig zu erhalten. Die Angst, einsam zu sein, läßt sie aber immer wieder nach neuen Wegen für eine dauerhafte Beziehung suchen.

Eine dauerhafte Beziehung schließt Streitigkeiten nicht aus. Die auftretenden Meinungsverschiedenheiten können aber als Anstoß zu innerem Wachstum genutzt werden.

Gewöhnlich sucht jeder die Schuld der Auseinandersetzung beim Partner und erwartet von ihm eine Veränderung. Wenn sich diese Erwartung nicht erfüllt, ist Trennung oft der letzte Ausweg.

Aber so weit muß es nicht kommen. Wir können lernen, uns selbst zu verändern und dadurch persönlich zu gewinnen. Eine glückliche Partnerschaft beginnt, wenn wir mit uns selbst gut umgehen und uns selbst glücklich machen können.

Frau Maurer kennt die einschlägigen Probleme aus persönlicher Erfahrung. Sie zeigt den Weg des Yoga zu innerer Befreiung auf und gibt praktische Anregungen, wie Frauen die Flamme der Liebe für sich selbst und in ihren Beziehungen lebendig halten können.

Das Buch ist ein Schlüssel zu mehr Liebesglück. Ich wünsche Ihnen, daß Sie ihn anwenden und zu einem Segen für sich und Ihre Lieben machen können.

Mahindra Pedro de Souza
Birstein, im Frühjahr 2000

# Einführung

Lebenselixier Liebe: Wir alle brauchen sie. Jeder sucht sie. Alle möchten geliebt werden. "Was muß ich tun, wie muß ich sein, damit du mich liebst ?" Wenn du so fragst, sitzt du in der Falle. Wirst du es dem anderen je recht machen können ? Du machst dich von seinen Beurteilungen abhängig. Viele Liebesbeziehungen funktionieren nach diesem Muster.

Es ist ein Muster aus Kindertagen. Um zu lernen, ahmten wir die Eltern nach und waren auf ihre liebevolle Bestätigung angewiesen. Durch diese immer wieder von uns gesuchte und von den Eltern erwünschte und gewährte Übereinstimmung haben wir die Liebe erfahren. Wie die Milch für den Körper so haben wir Liebe als Nahrung für unser seelisch-geistiges Wachstum geschenkt bekommen. Ohne das hätten wir uns als Kinder nicht entwickeln können.

Wenn wir diese eingeübte Einstellung nun auch als Erwachsene in unserer Partnerschaft beibehalten, geben wir unser Glück aus der Hand. Wir erwarten, es durch den Partner/in zu bekommen. Oft dauert es sehr lange und wir müssen durch viele schmerzliche Erfahrungen und Enttäuschungen gehen, bis wir merken, daß der Partner/in nicht dafür verantwortlich ist, sondern wir selbst. Wir werden erwachsen, wenn wir akzeptieren, daß die Liebe durch Geben in Fluß gehalten wird und daß wir nur dann etwas zu geben haben, wenn wir selbst stark sind.

Die Stärke, um die es hier geht, kommt aus Bewußtheit. Wir brauchen Einsicht in die geistigen Grundprinzipien unseres Lebens, damit uns die Liebe praktisch gelingt. Kopf und Herz müssen ein starkes Team bilden; denn Liebe entsteht durch die Art, wie wir denken. Unserem Bewußtsein müssen wir deshalb die größte Aufmerksamkeit schenken. Dort finden wir die Ursache für unser Leid, aber auch für unser Glück in der Liebe. Es liegt an uns selbst, ob wir in der "Hölle" oder im "Himmel" leben.

So wie die Energien unseres Körpers trainierbar sind, können wir auch mit den subtileren Energien unseres Denkens und Fühlens bewußt umgehen lernen, so daß wir selbst "unseres Glückes Schmied" werden. Dieser Übungsweg ist der "königliche" Weg des Yoga.

Laß dich mitnehmen auf diese abenteuerliche Reise nach innen, zu den geheimnisvollen Wurzeln unseres Seins, dorthin, wo du dich selber finden und zur Quelle der Liebe werden kannst. Was du gibst, empfängst du auch; denn Geben und Empfangen sind eins. In dieser Gleichzeitigkeit wird dir das Mysterium des Lebens offenbar werden.

# Seelisch fit für die Liebe

Es gibt so viele Anleitungen, Liebe zu machen. Vor allem geht es dabei um Sex. Jedoch sind es in erster Linie seelische Probleme, die die Liebe immer wieder sabotieren, hintergründig an ihr nagen oder sie gar in Haß und Ablehnung untergehen lassen. Was machst du z.B. mit deinem Groll, deinen Frustrationen, deiner Eifersucht und all den anderen destruktiven Gefühlen, die die Beziehung zu deinem Partner immer wieder belasten und sie je länger umso mehr zersetzen ? Wenn sich dein Partner keine Mühe gibt, so zu sein, wie du ihn gerne hättest ?
Natürlich, du redest mit ihm ! Du redest und redest. Du suchst sein Verständnis und erklärst ihm ausführlich, was sein Verhalten mit dir macht. Wenn er dich liebt, muß er sich nun verändern, denkst du. Deine Erwartung erfüllt sich in der Regel jedoch nicht. Aber so schnell gibst du nicht auf, und endlose Diskussionen folgen. Irgendwann merkst du, daß ihr euch nur im Kreise dreht und kein Stück weiterkommt. Ihr tauscht eure Positionen aus, wieder und wieder, und jeder erwartet, daß der andere endlich sein Verhalten ändern soll. Schließlich hast du das Gefühl, daß du gegen eine Mauer anrennst. Und je mehr du dich anstrengst, diese Mauer niederzureißen und bei deinem Partner Verständnis und eine Veränderung zu bewirken, umso höher baut sich die Mauer zwischen euch auf. Vielleicht findet ihr schon gar keinen Zugang mehr zueinander. - Kennst du das ?

Die Situation erscheint ausweglos. Solange du die Lösung bei deinem Partner suchst, ist sie es auch mehr oder weniger. Du verwendest deine ganze Energie darauf, den anderen zu beeinflussen, zu manipulieren, zu verändern und erreichst das Gegenteil von dem, was du dir wünschst: Anstatt sich dir zu öffnen, verschließt sich der andere mehr und mehr.

Die einzige Lösung, die dir jetzt noch einfällt, ist Trennung. Du willst dir einen anderen Partner suchen, der besser zu dir paßt. Die Erfahrung zeigt jedoch, daß meist dasselbe Spiel - vielleicht mit anderen Themen - von vorne beginnt. Denn die Lösung des Problems liegt im Grunde nicht bei deinem Partner, sondern du findest sie letztlich nur bei dir selbst. Wenn du das begreifst und akzeptierst, bist du erwachsen geworden. Bisher hast du deine Anstrengungen in die falsche Richtung gelenkt. Investiere sie nicht dort, wo sie mit der Zeit als gewaltsame Übergriffe empfunden und abgelehnt werden. Investiere sie lieber in dich selbst. Bei dir selbst kannst du jederzeit etwas verändern und zwar so, daß die Liebe zwischen euch wächst, blüht und gedeiht. Mit den Jahren wird sie nicht schwinden, sondern tiefer, inniger und umfassender werden. Ist es nicht das, was du dir, wie die meisten Menschen, wünschst ? Diesen Wunsch kannst du dir erfüllen. Mach' dich seelisch fit für die Liebe !

## Emotionale Intelligenz

Es kommt darauf an, daß du mit deinen Gefühlen bewußt umgehen lernst. Daniel Golemann hat dafür den Begriff "emotionale Intelligenz" geprägt. In seinem gleichnamigen Buch hat er zusammengetragen, was die Wissenschaft über die Gefühlsnatur des Menschen herausgefunden hat. Sie interessiert sich dafür, weil destruktive Gefühle nicht nur die Liebe stören, sie richten auch in vielen anderen Lebensbereichen viel Schaden an: Sie verursachen psychosomatische Erkrankungen, kosten die Wirtschaft durch schlechtes Betriebsklima eine Menge Geld, sorgen im Umgang mit aggressiven und drogensüchtigen Jugendlichen für Ratlosigkeit und schaffen grundsätzlich, wo sie auftauchen, erhebliche Probleme.

Probleme fordern unsere Intelligenz heraus, nach ihren Ursachen zu forschen. Wenn wir die Ursachen verstehen, können wir Lösungen finden.
Gilt das auch für unsere Gefühle ? Können wir ihnen mit den Mitteln der Vernunft überhaupt beikommen ? Sie scheinen unberechenbar und unbeherrschbar zu sein. Auf dieselbe Situation reagieren die Menschen mit unterschiedlichen Gefühlen. Kann man dann überhaupt eindeutige Ursachen ermitteln? Warum haben wir überhaupt Gefühle ? Welchen Sinn erfüllen sie in unserem Leben ? Woher kommen unsere Gefühle ? Welche Rolle spielt dabei unser Denken ?
Das alles sind Fragen nach der seelisch-geistigen Natur des Menschen. Wenn wir unsere Gefühle beeinflussen wollen, müssen wir verstehen, wie unsere Innenwelt funktioniert.

Unsere Gefühle erleben wir meist als eine Reaktion auf Geschehnisse in der Außenwelt. Spontan meinen wir deshalb, dort liege ihre Ursache. "Mein Freund hat mich versetzt. Deshalb bin ich traurig." Aber wir übersehen dabei, daß jede Reaktion gleichzeitig immer ein Spiegel unserer Innenwelt ist. Andere Personen könnten in einem solchen Falle z.B. mit Wut oder mit Erleichterung reagieren. So würde sich ihre Innenwelt ausdrücken.

Und woher haben wir unsere Innenwelt ? Jeder Mensch erschafft sie sich selbst durch seinen ständigen gedanklichen Austausch mit der Außenwelt. Wir werden uns noch genau ansehen, wie das vor sich geht, warum es so geschieht und welche Konsequenzen sich daraus für unser Leben ergeben.

Denn hier ist der Ansatzpunkt für emotionale Intelligenz: Jeder erschafft sich seine Innenwelt selbst. Wenn es uns gelingt, sie so zu erschaffen, daß wir bewußt positiv auf die Außenwelt, z.B. auf das Verhalten unseres Partners, reagieren können, dann haben wir unser Problem gelöst. Dann können wir uns bewußt in Harmonie bringen mit unserem momentanen Erleben. Auf diese Weise fühlen wir uns eins mit dem, was ist, und wir sind in der Liebe. Ein tiefes Gefühl von Glück und Frieden ist damit verbunden.

So ist Liebe das Ergebnis von Bewußtheit. Nur der euphorische Anfang der Liebe, der alles in rosarot erscheinen läßt, ist ein Geschenk des Himmels. Er ist wie die Kostprobe, die wir auch beim Einkauf gratis bekommen. Sobald wir das Gekostete besitzen und täglich genießen wollen, müssen wir dafür bezahlen. Die Münze, die wir für den Erhalt der Liebe zahlen müssen, ist Bewußtheit. Liebe und Bewußtheit gehören zusammen wie die beiden Seiten einer Medaille.

Bewußtheit bildet sich, wenn wir Einsicht in das Gesetz von Ursache und Wirkung gewinnen, z.B. wenn wir nachvollziehen können, wie unsere Gefühle entstehen. Liebe ist das glückliche Gefühl vollkommener Übereinstimmung mit dem, was ist.
Wie gewinnen wir Einsicht in das Gesetz von Ursache und Wirkung ? Das "Werkzeug" dazu ist unser Denken. Alle Warum-Fragen zielen darauf ab, das Kausalgesetz zu verstehen. Unser Fühlen hilft uns zu bewerten, was ist. Glückliche Gefühle zeigen uns, daß wir in Einklang sind mit dem Sein. Unglückliche Gefühle sind ein Signal, daß wir aus der Liebe herausgefallen sind. Wenn wir wieder glücklich sein wollen, müssen wir nachdenken, um die Ursache zu ergründen. Wir fragen z.B.: "Warum macht es mich

wütend, wenn mein Partner keine Zeit für mich hat ? Schaue ich nach außen und sehe die Ursache für meine Wut in dem verletzenden Verhalten meines Partners ? Oder richte ich meinen Blick nach innen und erkenne die Ursache in meinen Erwartungshaltungen dem Partner gegenüber ?"

Jenachdem wie die Antwort ausfällt, werden wir nun handeln, um die Ursache zu beseitigen. Gewöhnlich versuchen wir, den Partner zu verändern, damit er sein verletzendes Verhalten unterläßt. Wir können aber auch uns selbst verändern, indem wir unsere Einstellungen überprüfen und sie bewußt umgestalten. Die Ergebnisse in der Realität werden uns zeigen, welche "Strategie" die intelligentere ist. Denn unsere Erfahrungen lassen uns am eigenen Leibe fühlen, wie sich unsere gedanklichen Konzepte praktisch ausgewirkt haben. So bilden Körper und Geist eine untrennbare Einheit. Erreichen wir unsere Ziele ? Wachsen wir in Liebe und Glück ? Dann haben wir die richtigen Ursachen in Gang gesetzt. Oder nähren wir durch unser Handeln das Getrenntsein und fördern unser Unglück ?

Unsere Gefühle sind in der Welt des Körpers und des Faktischen angesiedelt. Sie geben uns Rückmeldungen und sorgen dafür, daß sich unser Denken bei seiner Suche nach Ursachen und Lösungen nicht in Phantastereien verliert, sondern mit den realen Fakten des Daseins verbunden bleibt. Denn das Dasein hat seine Identität durch das Gesetz von Ursache und Wirkung.

Damit haben wir begonnen, uns anzusehen, wie Denken und Fühlen zusammenarbeiten und wie sie sich bei der Kommunikation zwischen Innen- und Außenwelt ergänzen. Liebe, Glück und Frieden sind die Wirkungen im Herzen, wenn der Kopf die richtigen Ursachen auf den Weg gebracht hat. Liebe ist emotionale Intelligenz in Vollendung.

## Yoga für Kopf und Herz

Wie oft kommt es aber vor, daß wir nicht in der Liebe sind ! Dann ärgern wir uns, wir sind wütend, haben Angst, sind depressiv, sind neidisch, sind eifersüchtig oder pflegen unseren Groll. Es gibt zahllose Möglichkeiten, sich nicht in Harmonie zu fühlen mit dem, was ist. Besonders wenn wir in Beziehung treten zu anderen Menschen - im Beruf, beim Sport, in der Nachbarschaft, in der Familie - kann unser emotionales Gleichgewicht leicht gestört werden. In unserer Liebesbeziehung sind wir dafür besonders anfällig; denn sie erfüllt ihren Sinn für uns nur dann, wenn wir das Glück des Einsseins mit unserem Partner erleben können. Deswegen haben wir hier ganz bestimmte Erwartungen und werden aus diesem Grunde auch besonders leicht enttäuscht. Positiv gesehen, haben wir in der Partnerschaft aber auch eine besondere Chance, die Kunst der inneren Harmonie zu erlernen, um in der Liebe zu bleiben. Dazu brauchen wir genug Zeit. Genauso wie wir Schwimmen nur lernen, wenn wir im Wasser bleiben, können wir die Liebe nur erlernen, wenn wir uns unseren destruktiven Gefühlen in der Beziehung stellen und ihre Auflösung üben. Erfolgreich gelingt uns das jedoch nur, wenn wir Ursache und Wirkung unseres Gefühlslebens durchschauen und dadurch an intelligenten Lösungen arbeiten können.

Das habe ich im Yoga gefunden. Yoga bietet Methoden, Einsicht zu gewinnen und intelligente Lösungen einzuüben. Es ist ein Weg der Bewußtwerdung. Seit Jahrtausenden ist er erfolgreich, weil er den Übenden anleitet, seinen individuellen Geist in Einklang zu bringen mit dem ursprünglichen Geist der Schöpfung. Der hat nicht nur das Gesetz von Ursache und Wirkung erschaffen, er setzt es auch täglich voller Liebe und Freude in lebendiges Sein um und bringt auf diese Weise das Universum und alles Leben hervor.

Yoga bedeutet "verbinden" im Sinne von "in Einklang bringen". Es geht um die Einsicht in diese unendlich vielschichtige Ganzheit des Lebens, wo alles mit allem verbunden ist. Durch konzentrierte Beobachtung des eigenen Lebens ist es möglich, in sich selbst diese Ganzheit nachzuvollziehen und zu verwirklichen. Dabei können die Zusammenhänge zwischen den körperlichen, seelischen und geistigen Vorgängen wahrgenommen werden, um dann an ihrer Harmonisierung zu arbeiten. Das bedeutet, daß alle drei Bereiche nach Möglichkeit mit dem dort wirkenden Kausalgesetz in Einklang gebracht werden. In dem Maße wie das gelingt, schwinden unsere Probleme und wir werden fit für das Leben und die Liebe.

Nur bei sich selbst kann der Mensch diesen geheimnisvollen Zusammenhang zwischen Geist und Materie, zwischen Bewußtsein und Dasein studieren, der auch im Universum wirksam ist. Dabei ist der Kopf die "Antenne" für das Gesetz von Ursache und Wirkung, das Herz ist die "Antenne" für Liebe und Glück. Nur wenn Kopf und Herz optimal zusammenarbeiten, gelingt es uns, die Ursachen in unserem Leben immer wieder so zu erschaffen, daß wir in der Liebe sein können, in dieser schöpferischen Freude-Energie, die uns Vitalität und Motivation gibt für unsere Aufgaben und unsere Beziehungen. Um diese Optimierung geht es beim Yoga für Kopf und Herz.

Wenn wir uns ihr Zusammenspiel nun genauer ansehen wollen, stehen wir vor der Schwierigkeit, ein Geschehen nacheinander beschreiben zu müssen, dessen Mysterium in seiner Gleichzeitigkeit und seiner wechselseitigen Bedingtheit liegt. Deshalb ist Geduld, Phantasie und Intuition notwendig, um die aufeinander folgenden Beschreibungen für sich selbst wieder zu der Ganzheit zusammenzufügen, die hier einsichtig gemacht werden soll.

## WIE FUNKTIONIERT UNSERE GEISTIG-SEELISCHE NATUR?

Wir wollen ihren Ursache-Wirkung-Zusammenhang ergründen. Er ergibt sich aus seinem Zweck: Denken und Fühlen sind unsere Überlebensinstrumente. Während wir mit ihrer Hilfe Ursachen und Wirkungen erforschen, um unsere Lebensbedürfnisse zu befriedigen und uns all die Dinge zu erschaffen, die wir zum Leben brauchen und die wir uns wünschen, geschieht gleichzeitig das, worum es für uns im Leben eigentlich geht: Indem wir mehr und mehr Einsicht in das geistige Konzept der Schöpfung gewinnen, vereinigt sich unser menschlicher Geist mit dem verursachenden Geist der Schöpfung, den wir Gott nennen. "Religio" ist das lateinische Wort dafür.

Seit der Renaissance haben wir uns dabei jedoch vor allem nach außen gewendet und haben Ursache und Wirkung in der grobstofflichen Materie erforscht. Wir wollten das Know-how finden, um uns all die materiellen Güter schaffen zu können, die wir heute im Überfluß genießen. Unsere Vorstellung von "Paradies" erfüllte sich in erster Linie darin, einen reichlich mit Sachen ausgestatteten äußeren Lebens-Rahmen zu haben.
Seit wir uns in diesem Jahrhundert nun mehr und mehr unserer seelischen Probleme bewußt werden, beschäftigen wir uns auch mit unserem Innenleben und fragen nach den kausalen Zusammenhängen unserer geistig-seelischen Natur. Damit öffnen wir

uns für die spirituellen Wurzeln unserer Existenz. Denn wenn wir Bewußtheit (= Einsicht in das Kausalgesetz) und Liebe (= sich eins fühlen mit dem, was ist) zu verwirklichen suchen, verbinden wir uns mit dem göttlichen Ursprung der Schöpfung, der Bewußtsein und Liebe ist. Auf diese Weise realisieren wir unser volles geistiges Potential, das göttlich ist. In Bewußtheit und Liebe erkennen und erfahren wir unsere Ebenbildlichkeit mit unserem Schöpfer.

Ein Quantensprung unserer geistigen Entwicklung ist damit verbunden. Er steht jetzt für uns an, denn er ist das Kriterium für unseren Übergang ins neue Jahrtausend. Die Zeitenwende erfordert von uns eine Bewußtseinswende. Diese wird sich in unserer Fähigkeit ausdrücken, daß wir Kopf und Herz verbinden und die Liebe **bewußt** verwirklichen können.

Damit haben wir die große Linie gezeichnet, auf die unser alltägliches Leben klein bei klein schon immer hinzielt. Das Schöpfungs-Gesetz wirkt auch in der menschlichen Natur unabhängig davon, ob wir uns dessen bewußt sind oder nicht. Denn überwältigt von unseren Alltagssorgen und "erblindet" durch einen anders lautenden Zeitgeist, ist uns der Überblick mehr oder weniger abhanden gekommen, wohin die Reise unseres Lebens eigentlich gehen soll.

Das Wissen des Yoga gibt uns nun eine "Landkarte" an die Hand, die es uns ermöglicht, jederzeit und gerade auch im dichtesten Alltagsgetümmel unseren Standort zu bestimmen und unsere Ziele auf direktem Wege anzusteuern. Denn wir können die Natur beherrschen, indem wir ihr gehorchen. Wenn wir uns seelisch fit für die Liebe machen wollen, ist Einsicht in die lebensgestaltende Kraft unseres Geistes der Schlüssel.

Diesen Schlüssel benutzen wir jeden Tag, indem wir denken und fühlen. Bewußt verwendet, kann er uns den "Himmel" auf Erden erschließen. Durch unsere Unbewußtheit öffnen wir uns damit jedoch immer wieder unsere ganz persönliche "Hölle".

Deshalb möchte ich dich nun mitnehmen in das Labyrinth der menschlichen Innenwelt, um dir den roten Faden zu zeigen, mit dem du dich selbst herausführen und zu innerer Klarheit (= Bewußtheit) finden kannst.
Dazu wollen wir uns mit den Gesetzen der Realität beschäftigen, die über die Physik hinaus im Unsichtbaren wirksam sind. Das ist das Anliegen der **Meta**physik. Sie ist leider etwas aus der Mode gekommen. Das ist umso erstaunlicher, weil die Gesetze der Physik und ihre konsequente Anwendung in der Technik Grundlage unserer hochentwickelten Zivilisation sind. Wir beschränken unseren Blick dabei jedoch auf die Materie und verlieren den anderen wichtigen Teil der Realität aus den Augen, der unsichtbar im Geistigen liegt. Dort finden wir die Ursache des Daseins. Deshalb müssen wir uns in den geistigen Grundlagen unseres Lebens auskennen, wenn wir so erwünschte Wirkungen wie Liebe, Freude, Glück und Erfolg bewußt in die Wege leiten wollen.

## Denken und Fühlen sind die Überlebensinstrumente des Menschen

Jedes Geschöpf auf der Erde hat angeborene Überlebensstrategien. Die Tiere haben Instinkte. Durch Instinkte ist ihr Verhalten (z.B. bei der Nahrungssuche, bei der Fortpflanzung, bei der Brutpflege) in sehr engen Grenzen festgelegt. Die Tiere müssen sich so verhalten, wie es ihren arteigenen Instinkten entspricht. In diesem Sinne hat der Mensch keine Instinkte. Wir sind in unserem Verhalten vollkommen unfestgelegt (abgesehen von dem Saugreflex beim Säugling). Unser Überlebensinstrument ist unsere Intelligenz. Mit ihrer Hilfe müssen wir uns alles selber erfinden und selber erschaffen, was wir zum Überleben brauchen. Immer stehen wir zwischen Leben und Tod und müssen **bewerten**, was unserem Leben nützt und wie wir Schaden vermeiden können. Unter dieser Notwendigkeit müssen wir dann unser Verhalten selbst **wählen**.

Die grundlegendste Wahl ist, ob ich meinen "Denkapparat" bewußt gebrauche, oder ob ich ihn seiner automatischen Funktion überlasse. So wie unsere Sinnesorgane automatisch wahrnehmen, wenn wir wach sind, so arbeitet dabei auch unsere Intelligenz automatisch und bildet Bewußtsein. Das Medium, auf das unsere Ohren reagieren, sind Töne. Unsere Augen reagieren auf Licht. Und unsere Intelligenz ist das "Organ", mit dem wir auf die geistige Ordnung reagieren, von der wir umgeben sind. Indem sich Bewußtsein bildet, wird diese vorgefundene Ordnung in unserem Geiste nachgebaut.

Die uns umgebende geistige Ordnung hat **zwei Ebenen**, eine ursprüngliche und eine vom Menschen gemachte. (Abb. 1) Die ursprüngliche geistige Ordnung tritt uns im Kosmos entgegen, in der Natur und in uns selbst als einem Teil der Natur. Es gibt keinen Bereich der sichtbaren oder der unsichtbaren Natur, der nicht durch dieses ewige und unwandelbare Gesetz von Ursache und Wirkung geordnet wäre. Ich möchte es im weiteren **"Logos"** nennen nach dem griechischen Wort für "Weltvernunft"

**Abb. 1** Die ursprüngliche und die von Menschen gemachte geistige Ordnung

oder "Schöpferkraft". Der Mensch hat seine Intelligenz, um Logos nachzuvollziehen und sich aufgrund dessen selbst Konzepte zu machen, mit denen er sein Überleben organisiert und alles Notwendige zum Leben erschafft. Er eignet sich damit Schritt für Schritt die Schöpferkraft von Logos an, denn alles im Universum geht ursprünglich aus diesem Geist hervor.

Ob er es weiß oder nicht, setzt sich der Mensch deshalb bei seinem Kampf ums Überleben immer mit Logos auseinander. Alle Warum-Fragen zielen darauf ab, das Gesetz von Ursache und Wirkung zu verstehen. Durch Warum-Fragen hat der Mensch die Gesetze der Natur entdeckt und hat sie in der Technik für seine Lebenszwecke selbst schöpferisch angewendet. Auf allen Ebenen des Lebens beinhaltet die Warum-Frage unausgesprochen auch immer die Frage nach dem Sinn. Mit allen Antworten, die sich der Mensch gibt, interpretiert er Logos. Dabei schafft er durch die Summe all seiner Interpretationen und durch ihre praktische Nutzanwendung selbst eine geistige Ordnung. Wir nennen sie **Kultur und Zivilisation**. Sie sind das Ergebnis kollektiver Bewußtseinsbildung bei der Deutung und Anwendung von Logos.

Eine Kultur ist umso hochstehender, erfolgreicher und glücklicher, je genauer sie Logos verstanden und in praktisches Leben umgesetzt hat. Denn sie arbeitet dann effektiv mit der Schöpferkraft, die das ganze Universum hervorbringt. Der Weg zu dieser geistigen Potenz ist aber kein kollektiver, sondern vollzieht sich individuell in jedem einzelnen Bewußtsein. Der Grund dafür liegt in der Natur unserer Intelligenz. Sie ist nämlich nicht von außen, sondern nur von innen her steuerbar, wenn es um die grundsätzliche Entscheidung geht, den Fokus einzuschalten oder die bewußtseinsbildende Funktion sich selbst zu überlassen. Es liegt auf der Hand, daß unsere Intelligenz sehr fokussiert arbeiten muß, wenn sie eine so komplexe geistige Ordnung verstehen will, wie Logos sie darstellt.

Jeder Mensch trägt also selbst die Verantwortung für den Inhalt seines Bewußtseins. Die Verantwortung der Erwachsenen ist es, ihren Kindern den richtigen Umgang mit ihrer Intelligenz beizubringen, d.h. sie zu einem **bewußten** und konzentrierten Gebrauch dieses hochwirksamen Instrumentes zu befähigen.

Kleine Kinder übernehmen die geistige Ordnung ihrer kulturellen und zivilisatorischen Umgebung zunächst einmal durch das automatische Funktionieren ihrer Intelligenz. Erst durch systematische Schulung lernen wir, unseren "Denkapparat" bewußt einzuschalten und ihn bewußt zu gebrauchen. Dabei müssen wir lernen, uns zu konzentrieren und mit der Logik von Ursache und Wirkung umzugehen. So kann dann jeder für sich an einem widerspruchsfreien Weltbild bauen, das dem Logos möglichst nahe kommt.

Das gelingt umso leichter, je mehr die umgebende Kultur von diesem hohen geistigen Anspruch geprägt ist, je weiter sie auf diesem Weg schon vorangeschritten ist. Fortschritt ist deshalb nicht unbedingt in der immer perfekteren Herstellung materieller Güter zu sehen, die uns aufgrund unserer Teilkenntnisse des Kausalgesetzes gelungen ist. Wirklicher Fortschritt ist erst dann möglich, wenn wir auch die Kausalität der menschlichen Natur verstehen und ihre ursprüngliche Verbindung zu Logos in Bewußtheit und Liebe verwirklichen können. Dann allerdings ist Fortschritt in einem Ausmaß möglich, wie er uns bisher unvorstellbar ist. Wenn wir uns heute mit unserer geistigen Natur beschäftigen, dann rückt die Einsicht in unser göttliches Potential in greifbare Nähe. An der Schwelle zum neuen Jahrtausend sind wir nahe daran, in diese neue Dimension unserer geistigen Entwicklung vorzustoßen. Der Durchbruch geschieht allerdings nicht kollektiv, sondern individuell in jedem einzelnen Bewußtsein.

Der kritische Faktor dabei ist der Gebrauch des eigenen **Willens**. Um meine Intelligenz auf die Höhe ihres natürlichen Potentials zu bringen, bedarf es immer wieder der willentlichen Entscheidung, meinen "Denkapparat" bewußt einzusetzen und ihn nicht seiner automatischen Funktion zu überlassen. Ich brauche also Konzentration. Denn es geht darum, die komplexe geistige Ordnung von Logos zu verstehen, um sie intelligent für meine Lebensziele verwenden zu können. Die Freiheit unseres Willens, die uns nach Logos unter allen Umständen gegeben ist, bezieht sich also letztendlich nicht auf das, WAS wir lernen wollen, sondern nur auf das WIE. Wir sind frei in der Wahl, auf welchen Wegen wir Logos kennenlernen wollen, um ihn mehr und mehr zu verstehen. Es gibt so viele Wege dorthin, wie es Menschen gibt. Auch alle Abwege und alle Irrtümer, wenn wir sie nach langem Leiden endlich als solche erkennen, führen uns schließlich zu Logos hin, der unser letztendliches, ewig unwandelbares Lernziel ist.

Bisher haben wir vor allem über die intellektuelle Seite gesprochen, die wir auf dem Weg zu unserem vollen geistigen Potential entwickeln müssen. Sie ist geprägt von der Notwendigkeit, sich der logischen Strenge und der nüchternen Objektivität des Gesetzes von Ursache und Wirkung anzubequemen und unterzuordnen. Das erfordert Genauigkeit, Anspannung, Konzentration und Disziplin. Eine gewaltige geistige Kraftanstrengung ist notwendig, um Bewußtheit zu erlangen. Mit dem Gebrauch unseres Denkens sind aber auch Gefühle verbunden. Die andere Seite der Medaille (unseres Bewußtseins) sind unsere Gefühle.

Damit kommen wir zu einem Phänomen unserer menschlichen Natur, das erst seit wenigen Jahrzehnten in den Blickpunkt wissenschaftlichen Interesses gerückt ist, obwohl es allgegenwärtig ist in unserer Erfahrung. Der Grund mochte sein, daß sich Gefühle dem logischen Zugriff zu entziehen scheinen. Im alltäglichen Leben überfallen sie uns plötzlich und erscheinen vollkommen unberechenbar. In unserem Innern werden zum Teil heftige Gefühlsenergien ausgelöst, und die Ursachen dafür suchen wir außen. Wir ärgern uns, weil etwas nicht so klappt, wie wir es wollten. Wir sind traurig, weil wir etwas Wertvolles verloren haben. Wir haben Angst, weil wir uns in einer bedrohlichen Situation befinden. Aber nicht alle Menschen haben dieselben Gefühle in der gleichen Situation. Alle Menschen ärgern sich zwar manchmal, aber jeder ärgert sich über etwas anderes. Was den einen auf die Palme bringt, läßt den anderen vollkommen unberührt. Genauso ist es auch mit allen anderen Gefühlen. Wir kennen sie zwar alle aus unserem eigenen Erleben, aber bei jedem werden sie durch andere äußere Ereignisse hervorgerufen. Wo ist da die Logik ?

Solange wir unserer alltäglichen Gewohnheit folgen und nach außen schauen, um dort die Ursachen für unsere Gefühle zu suchen, werden wir keinen gemeinsamen Nenner finden und im Dunklen tappen. Auch wenn wir große Anstrengungen unternehmen, um die angeblich äußeren Ursachen unserer leidvollen Gefühle zu beseitigen, stellen sie sich doch immer wieder ein, wenn wir die Außenbedingungen nicht mehr nach unseren Vorstellungen unter Kontrolle halten können. Wir leben ständig in einer großen Anspannung, um die äußere Realität unseren inneren Vorstellungen anzupassen.

Das tun wir, weil wir im Umgang mit Sachen daran gewöhnt sind, daß wir sie kontrollieren und nach unseren Vorstellungen gestalten können (zumindest sofern wir das Gesetz von Ursache und Wirkung dabei beachten). Wir bauen z.B. Häuser nach unseren Vorstellungen oder entwerfen Maschinen für unsere Zwecke. Im zwischenmenschlichen Umgang mit anderen Personen aber beißen wir immer wieder auf Granit, wenn wir versuchen, sie im Sinne unserer Vorstellungen zu kontrollieren. Sie empfinden wie sie wollen und sind partout nicht zu bewegen, sich so zu verhalten, wie wir es gern hätten. Dann nerven sie uns entsetzlich und wir leiden heftig, von Liebe keine Spur. Vielmehr sind wir all den negativen Gefühlen ausgeliefert, die uns das Leben nun zur Hölle machen.

Was ist der wahre Grund dafür ? Unsere Anspannung, dieses blindwütige Festhalten an der einmal eingeschlagenen Denkrichtung. Was fällt meinem Partner ein, nicht so zu sein, wie ich ihn haben will ?!? Wie kann die Welt anders sein, als ich sie mir vorstelle ?!? Sie kann es !!! Aber für diesen Gedanken kann ich mich erst öffnen, wenn ich bereit bin, meine bisherige Anspannung loszulassen und zu entspannen. Geistiges Entspannen bedeutet, alte Gedankenmuster loszulassen und sich für neue, effektivere, richtigere Gedanken zu öffnen, die dem Ursache-Wirkungs-Prinzip genauer entsprechen. Für unser Thema "seelisch fit für die Liebe" bedeutet das, die Ursachen für unsere destruktiven Gefühle nicht mehr außen zu sehen, z.B. bei unserem "bösen" Partner, sondern sie innen bei uns selbst zu suchen. Wir finden sie in unserer mangelnden Flexibilität, zwischen geistigem Festhalten und Loslassen so hin und her wechseln zu können, daß unsere Gefühle auf der positiven, auf der glücklichen und liebevollen Seite bleiben. Unsere Gefühle haben nämlich mit unserem Denken zu tun !

30

## Der Zusammenhang von Denken und Fühlen

Wir haben festgestellt, daß unsere Denkfähigkeit unser Überlebensinstrument ist, und daß wir dabei letztendlich Logos in unser Bewußtsein aufnehmen werden. Logos bedeutet paradiesisch perfektes, vollkommenes, glückseliges Leben. Das ist unser Ziel. Den Weg dorthin müssen wir aber aus freiem Willen selbst finden. Das schließt Abwege und Irrwege mit ein. Überleben heißt nun, im Spannungsfeld zwischen Leben und Tod die geistigen Strategien zu finden, die zum vollkommenen, d.h. zum glücklichen Leben hinführen. Da der Mensch diesen Weg selbständig finden muß, braucht er eine Bewertungshilfe, die ihm wie ein Kompaß hilft, die Richtung zu halten. Dazu haben wir unsere Gefühle. Sie sorgen dafür, daß unser Bewußtsein die Verbindung zum praktischen Dasein, zur Wirklichkeit des Logos, nicht verliert.

Wie geht das vor sich ? Wir wenden unsere Ideen (die immer Interpretationen von Logos sind, auch wenn wir uns dessen nicht bewußt sind) im praktischen Leben an und fühlen nun am eigenen Leibe, wie sie sich auswirken. Aufgrund dieser Erfahrungen werten wir, ob sie nützlich oder schädlich sind, ob sie uns glücklich oder unglücklich machen. Mit allem, was schadet, mißbrauchen wir unser Leben und führen es in Richtung Tod. Wir machen uns dadurch unglücklich. Alles Nützliche fördert unser Leben und macht uns glücklich. Auch wenn unsere Bewertungen zunächst falsch sein können (z.B. "Drogen machen glücklich"), dann zeigt uns später erfahrenes Unglück, daß diese Bewertung mit dem Gesetz von Ursache und Wirkung nicht übereinstimmt. Die praktischen Auswirkungen unserer Überzeugungen holen uns als glückliche oder leidvolle Erfahrungen, als Erfolge oder Mißerfolge, immer irgendwann ein.

So sind die Gefühle eine sehr sinnvolle Einrichtung unserer menschlichen Natur. Sie sind der Kompaß für unsere Intelligenz auf dem Weg zu ihrem höchsten Ziel: Logos. Weil Logos und Glück/Liebe EINS sind, ist dementsprechend Glück (= Übereinstimmung mit dem Dasein = Liebe) das höchste Ziel für unsere Gefühle. Deshalb ist das Streben nach Glück (was auch immer sich jeder Mensch darunter vorstellen mag) als Motivation zum Handeln eine Eigenschaft, die ausnahmslos allen Menschen gemeinsam ist. Wenn wir glückliche Erfahrungen haben, wissen wir, daß alles in Ordnung ist, daß wir auf dem richtigen Weg sind. Wir sind in Harmonie mit dem Dasein. Alles kann so bleiben. Unsere unglücklichen Erfahrungen sind ein Signal, daß etwas nicht stimmt, daß wir in die falsche Richtung gehen. Sie zeigen uns an, daß wir die Realität nicht richtig beurteilen, daß wir das Gesetz von Ursache und Wirkung an diesem Punkt noch nicht richtig verstehen, daß wir in unserem Denken etwas verändern müssen.

**Denn während wir uns für unsere Interpretationen, Wertungen und Gedanken nach eigenem Dafürhalten frei entscheiden können, haben wir diese Wahl bei unseren Gefühlen nicht.** Unsere Gefühle sind automatisch an die Art unserer Gedanken und Wertungen gekoppelt. Das wollen wir uns noch etwas genauer ansehen:

Wenn ein Gefühl in uns hochkommt, sind zwei Schritte vorausgegangen, die so blitzschnell und so automatisch ablaufen, daß sie uns nicht bewußt sind.

1. Wir nehmen mit unseren Sinnesorganen etwas wahr und fragen: Was ist das ? Es muß **identifiziert** werden. Automatisch holt unser "Computer" hervor, was er darüber gespeichert hat. Der Speicher ist unser Bewußtsein. Wir finden Namen, Worte, Begriffe vor, die zusammenfassen, was wir über die Sache wissen.

2. Gleichzeitig findet eine **Bewertung** statt, weil wir die Sache beurteilen müssen, ob sie für unser Leben gut oder schlecht ist. Unser angeborenes Glücksstreben (= die "eingebaute" Motivation, zurück zu Gott zu finden) sorgt automatisch dafür. Auch die Bewertung ist meist schon mit abgespeichert, denn sie liegt mehr oder weniger lange zurück. Sehr oft ist sie uns nicht einmal bewußt, z.B. weil wir sie unreflektiert von unserer Umgebung übernommen haben. Trotzdem wird sie jetzt zusammen mit der Identifizierung aufgerufen und kommt zur Wirkung.

3. Die Wirkung ist das **Gefühl**, das **automatisch** an die Bewertung gekoppelt ist. Wenn die Bewertung gemacht ist, folgt das Gefühl **zwangsläufig.** Es läßt sich nicht aufhalten. Deshalb kommen unsere Gefühle oft überfallartig, und sie erscheinen uns unberechenbar und unbeherrschbar. Auch unsere Einstellungen, die sich aus der Summe unserer Bewertungen ergeben, bilden zusammen mit den entsprechenden Gefühlen eine untrennbare Einheit. (Abb. 2)

So haben unsere Gefühle eine sehr praktische Funktion: Sie fördern existentiell unsere Einstellungen zutage und konfrontieren uns mit den Auswirkungen unserer Bewertungen.

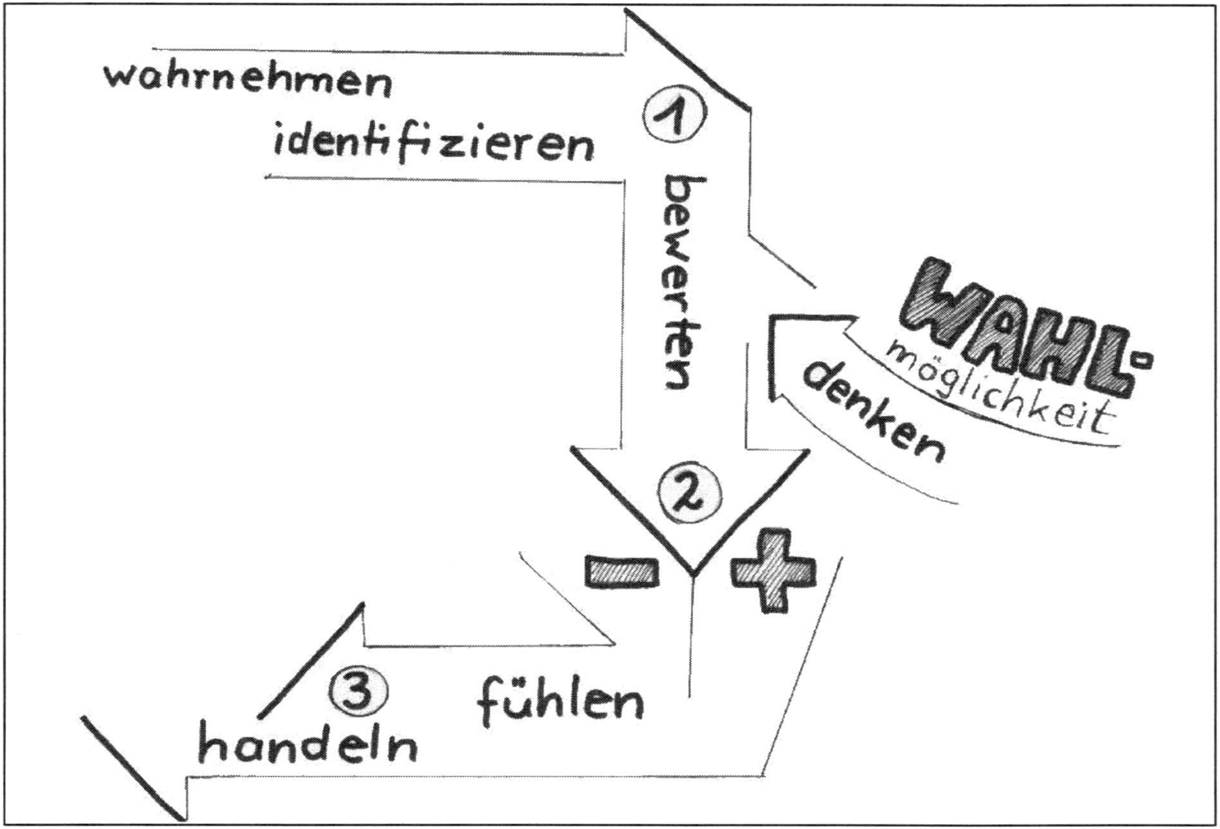

**Abb. 2** Der Zusammenhang von Denken und Fühlen

Sie geben uns Signale über das, was wir in unserem Bewußtsein allzuoft nicht im Zugriff haben, sondern was tief in unserem Unterbewußtsein vergraben liegt.

Das wollen wir uns an einem einfachen Beispiel verdeutlichen: Verschiedene Menschen nehmen einen **Hund** wahr.

1. Die Besitzerin identifiziert ihren Hund.
2. Er ist ihr kleiner Liebling und ihr Trost in einsamen Stunden.
3. Sie **liebt** ihn über alles.

1. Die Freundin identifiziert den "Lebensgefährten" ihrer Freundin.
2. Sie bewertet ihn als eine wichtige Stütze zum seelischen Gleichgewicht ihrer Freundin.
3. Sie empfindet wohlwollende **Freundlichkeit**.

1. Ein Verehrer identifiziert das verwöhnte Liebesobjekt seiner Angebeteten.
2. Er bewertet den emotionalen Aufwand als Verschwendung an ein unwürdiges Geschöpf.
3. Er empfindet **Neid**.

1. Ein Straßenpassant identifiziert den Köter, der gerade einen Haufen hingesetzt hat.
2. Er bewertet das als eine Schweinerei, die verboten gehört.
3. Er empfindet **Empörung.**

1.  Ein Kind identifiziert so ein Tier, das schon einmal nach ihm geschnappt hat.
2.  Es bewertet den Hund als sehr gefährlich.
3.  Es schreit vor **Angst**.

1.  Der Züchter identifiziert einen Hund aus seiner Zucht.
2.  Er bewertet ihn als ein besonders gut gewachsenes Exemplar.
3.  Er empfindet **Stolz** und **Anerkennung**.

1.  Die Nachbarin identifiziert den Kläffer von nebenan.
2.  Sie bewertet ihn als einen unverschämten Ruhestörer.
3.  Sie empfindet **Ärger** und **Ablehnung**.

1.  Ein Dieb identifiziert die Wachsamkeit des Hundes.
2.  Er bewertet ihn als Gefahr, entdeckt zu werden.
3.  Er empfindet **Wut** und **Aggression**.

Diese Beispiele zeigen, wie die einfache Erscheinung eines Hundes bei verschiedenen Menschen die unterschiedlichsten Gefühlsreaktionen hervorrufen kann. Liegt die Ursache bei dem Hund ? Ganz sicher nicht. Er ist so, wie er ist. Die Gefühle werden durch die Bewertungen der Betrachter hervorgerufen. In ihren Einstellungen liegt die Ursache. Der Hund löst sie nur aus.

Jeder von uns kennt die verschiedenen Gefühle aus eigener Erfahrung. Sie sind bei allen Menschen möglich. Nur wodurch sie ausgelöst werden, ist von Mensch zu Mensch unterschiedlich. Eine Gemeinsamkeit gibt es aber bei den Bewertungen, die den einzelnen Gefühlsarten zugeordnet werden können.

**Liebe** ist das Gefühl vollkommener Übereinstimmung mit dem, was ist. Damit verbunden empfinden wir höchstes **Glück**. Liebe und Glück sind wie bei Gott auch beim Menschen eins (Ebenbildlichkeit). Eine ganze Palette anderer positiver Gefühle hängen mit dieser Grundeinstellung zusammen: Freundlichkeit, Anerkennung, Geborgenheit, Herzlichkeit, Wohlwollen, Anhänglichkeit, Fürsorglichkeit, Begeisterung, Motivation, Zustimmung, Wertschätzung, Zugehörigkeit, Verbundenheit, um nur einige zu nennen. Mit diesen Gefühlen sind wir auf der positiven Seite des Lebens. Wir fühlen uns wohl, sind in Einklang mit uns und der Welt. Unser Bestreben ist, dauerhaft so in Harmonie zu sein mit dem, was ist.

Wenn uns das nicht gelingt, werden unsere Gefühle negativ. In diese negativen Gefühlszustände kommen wir aus Mangel an Liebe. Das Gefühl, aus dem Einssein mit dem Leben ausgesperrt zu sein, wenn unsere Werte mit denen anderer nicht übereinstimmen, erzeugt das Gefühl von Alleinsein und Angst. Alle negativen Gefühle haben deshalb eine Komponente von Angst. Angst ist das Gegenteil von Liebe.

**Angst** entsteht, wenn wir uns in unseren bisherigen Werten, seien sie materieller oder geistiger Art, bedroht fühlen, wenn wir uns durch das Verhalten anderer in unseren Einstellungen und Gewohnheiten angegriffen fühlen und wenn wir fürchten müssen, daß wir nicht mehr so weitermachen können wie bisher.

**Haß** und **Ablehnung** entstehen aus der vollkommenen Unvereinbarkeit von Werten.

**Wut** und **Empörung** empfinden wir, wenn wir uns ungerecht behandelt und in unseren Werten frustriert fühlen.

**Traurigkeit** und **Niedergeschlagenheit** sind andere Reaktionen auf ähnliche Erfahrungen: Wir fühlen uns in unseren Werten zurückgewiesen, alleingelassen, unverstanden. Wut greift dann an, Traurigkeit zieht sich in sich selbst zurück.

Wut kann sich zu **Rache** steigern. Dann sucht sie tätlich nach Vergeltung.

**Groll** entsteht durch eine alte Unvereinbarkeit der Werte, die noch nicht ausgeräumt, sich im Untergrund eingegraben hat und von dort aus unsere Gedanken und Gefühle immer wieder negativ besetzt.

**Depression** ist eine übersteigerte, festgefahrene Traurigkeit. Wir fühlen, daß wir mit unseren bisherigen Werten und Einstellungen vollkommen gescheitert sind. Unser Selbstwertgefühl ist an einem Nullpunkt. Ohne Perspektive stehen wir vor dem Nichts.

Wenn wir **Neid** empfinden, halten wir uns für unfähig, ein erstrebenswertes Ziel (das wir uneingestanden bei anderen bewundern) selbst auch zu erreichen. Deshalb degradieren wir es bei dem anderen oder versuchen sogar, es zu zerstören, zumindest mit Worten.

**Gier** versucht, ein übersteigertes Gefühl des Mangels zwanghaft und rücksichtslos aus eigener Kraft auszugleichen.

**Streß** entsteht, wenn wir uns übergroßen Anforderungen ausgesetzt sehen, denen wir uns zunehmend nicht mehr gewachsen fühlen.

Gefühle setzen sich meist aus mehreren Komponenten zusammen. **Eifersucht** zum Beispiel ist ein besonders komplexes Gefühl. Hier können Angst, Neid, Haß, Rache, Wut, Traurigkeit und alle übrigen Gefühle zusammenkommen.

# Persönlichkeit und Ego

Es ist deutlich geworden, daß die Ursache für unsere Gefühle unsere Bewertungen und Einstellungen sind. Diese können wir entweder bewußt wählen, sofern wir unsere Denkfähigkeit aktiv steuern. Oder wir überlassen unsere Intelligenz passiv ihrer natürlichen Selbsttätigkeit. Dann bilden sich auch Bewertungen und Einstellungen in unserem Bewußtsein. Sie werden jedoch unreflektiert aus der Umgebung übernommen, bilden ein ungeordnetes Konglomerat und sind untereinander oft widersprüchlich. Die dadurch verursachten Gefühle sind auch widersprüchlich. Der Mensch fühlt sich "zerrissen".

So oder so entsteht auf jeden Fall durch die zum Überleben notwendige geistige Auseinandersetzung mit der Realität (die immer eine Begegnung mit Logos ist) eine individuell geartete Form des Bewußtseins mit einem entsprechenden Lebensgefühl. Es ist das geistige Programm, nach dem wir funktionieren, aus dem unser Handeln geboren wird. (Abb. 3) Diese Programmierung macht jeder sich selbst durch die Art und Weise, wie der einzelne mit seinem Denken umgeht, wie er die Welt geistig verarbeitet und welches Weltbild er sich daraus formt.

Die Wirkung dieser **Selbst-Programmierung** ist unsere Persönlichkeit, ist unsere **Individualität**. Durch sie unterscheiden wir uns von allen anderen Menschen. Die Art und Weise, wie jeder sein Bewußtsein aufgebaut hat und wie er es benutzt, macht jeden von uns einmalig. Oft stehen wir dieser Einmaligkeit aber auch hilflos gegenüber, wenn wir problematische Eigenschaften bei uns selbst erleben. "Ich bin halt so wie ich bin". Aber hilflos macht uns nur unsere Unbewußtheit. Und die können wir, dank der Freiheit unseres Willens, jederzeit selbst überwinden.

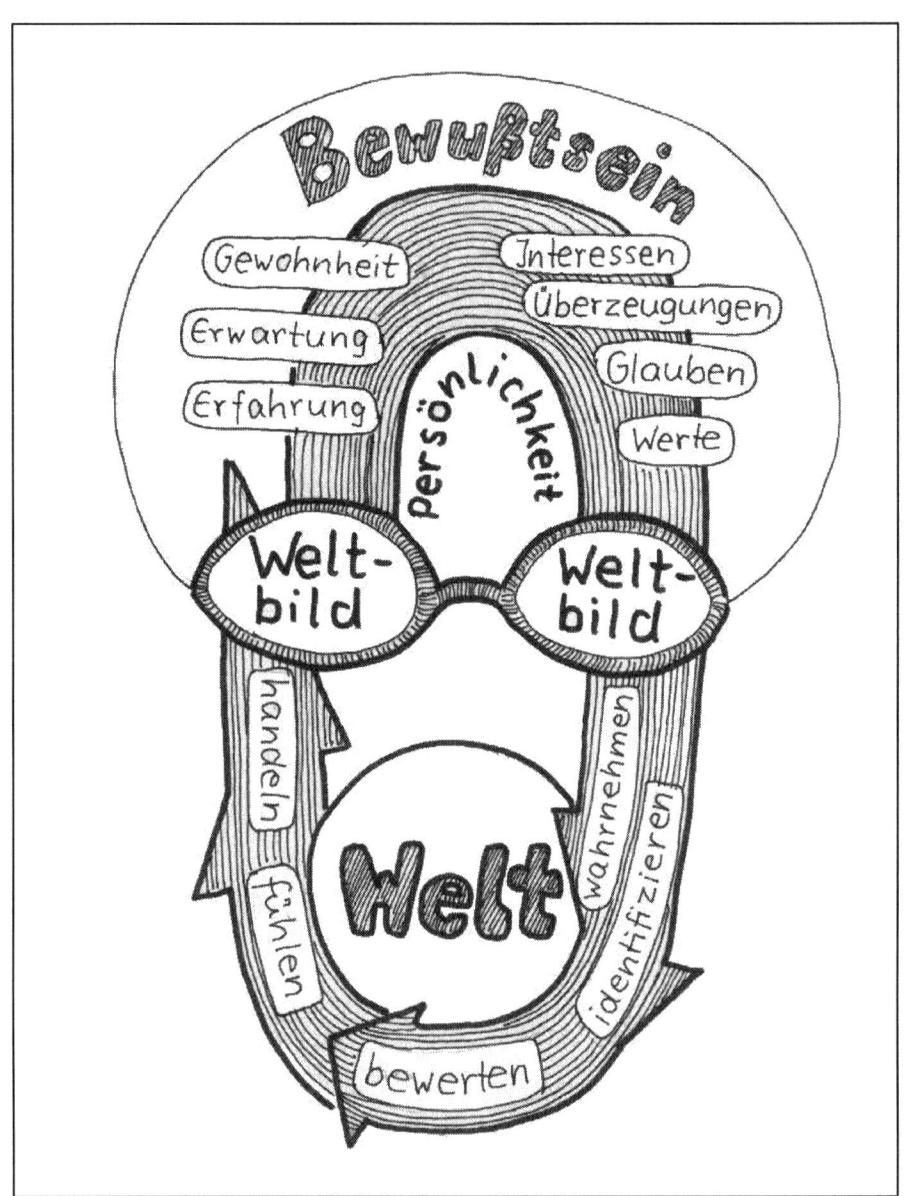

**Abb. 3** Selbst-Programmierung: Jeder erschafft sich mit seinem Bewußtsein die Brille, durch die er die Welt wahrnimmt.

40

Dazu wollen wir uns jetzt noch mit einer weiteren Eigenschaft unserer Denkfähigkeit vertraut machen. Sie hat als Überlebensinstrument und als Antwort auf Logos die Aufgabe, unter Vermeidung des Schädlichen das Nützliche für unser Leben herauszufinden. Auf der emotionalen Ebene bedeutet das, Unglück zu vermeiden und das Glück zu suchen. Weil sie so ausgespannt ist zwischen den beiden Polen der Dualität, zwischen Leben und Tod, Glück und Unglück, Licht und Schatten, gut und schlecht sowie den zahllosen anderen Gegensätzen der Dualität, ist unsere Denkfähigkeit sozusagen von Natur aus eine **"Richtig-Falsch-Maschine"**. Ununterbrochen wertet und urteilt sie, um das Nützliche vom Schädlichen zu unterscheiden. Nach dem Richtigen wird gehandelt, es wird durchgesetzt und oft auch verteidigt, weil im Moment nichts Richtigeres einzusehen ist. Das Falsche wird verworfen, abgelehnt und nicht selten auch bekämpft, wenn es das eigene Richtige zu bedrohen scheint.

Die kämpferischen Begriffe im Zusammenhang mit der Richtig-Falsch-Maschine unseres Denkens weisen darauf hin, daß es bei der Suche nach der Wahrheit des Logos um ein intensives Ringen geht. Die Kampfstimmung bis hin zum Fanatismus ergibt sich aus der Neigung unseres Denkens, sein Richtiges als die Wahrheit anzusehen und ein Dogma, ein Gesetz, eine Allgemeingültigkeit zu postulieren. In der Tat geht es ja auch darum, die komplexe, alles bestimmende Ordnung von Logos geistig nachzubauen. Deshalb ist es ein natürlicher Drang unseres Denkens, Regeln, Strukturen, Objektivitäten, Allgemeingültigkeiten, d.h. alles bestimmende "Wahrheiten" zu etablieren. Da jedes Ich zunächst einmal in seinem eigenen Denken gefangen ist und dieses als das Richtige und das Einzig-Mögliche ansieht, will es sein Denken auch als das alles bestimmende "Wahre" durchsetzen. Es will **Recht haben**. Seine Überzeugungen, seine Bewer-

tungen, seine Einstellungen sollen unter allen Umständen verwirklicht werden. Anders kann es seiner Meinung nach auch gar
nicht sein, denn das Ich erlebt die Welt ja ausschließlich nur aus
der Perspektive seines eigenen Denkens.

- Diese erkenntnistheoretische Tatsache, daß jeder Mensch
  seine eigene und jeder eine andere "Wahrheit" hat, ist ein
  wesentlicher Grund dafür, daß heute die metaphysische Frage nach der ewigen, vom Menschen unabhängigen, unwan-
  delbaren WAHRHEIT des Seins nicht mehr gestellt wird. Indi-
  vidualismus und Pluralismus sind die Wirkungen eines Zeitgeistes, der die Frage nach der objektiven WAHRHEIT für il-
  lusorisch und deshalb für sinnlos hält. Damit aber ist unser
  Leben so gefährdet wie das einer Pflanze, der man die Wurzeln abgeschnitten hat. Die steigende Scheidungsrate z.B. ist
  ein Symptom dafür, daß gerade die Liebe ohne eine tiefe
  Verwurzelung im geistigen Urgrund der Schöpfung (Logos)
  nicht gelingen kann. Auch hier geben uns unsere leidvollen
  Erfahrungen eine Rückmeldung über die Korrekturbedürftig-
  keit unserer geistigen Konzepte. -

Das Gefangensein des Ich in den Ergebnissen seines Denkens
als Richtig-Falsch-Maschine möchte ich im weiteren **Ego** nennen. Es hat eine positive und eine negative Seite. Das **positive
Ego** analysiert das Gesetz von Ursache und Wirkung und baut
sich aus dem Richtigen ein Know-how auf, wie das Kausalgesetz
kreativ für unsere Lebensbedürfnisse angewendet und umgesetzt
werden kann. So sind geistreiche Kulturen und hochentwickelte
Techniken entstanden. Maschinen unterstützen uns heute nicht
nur in der Arbeit, sondern sogar im Denken. Das Leben ist dadurch sicherer und bequemer geworden. Bei Problemen kommt

aus dem positiven Ego die Energie, an eine Lösung zu glauben und sie mit Beharrlichkeit zu suchen und auch zu finden. Es ist die Kraft, mit dem Gesetz von Ursache und Wirkung selbst schöpferisch umzugehen, sich Wünsche zu erfüllen und nach den eigenen Vorstellungen Glück zu verwirklichen.

Das **negative Ego** hält an dem einmal Gefundenen fest und verteidigt sein Richtiges, nicht selten auch aggressiv. Es entwikkelt seine schädliche Wirkung vor allem in Beziehungen, in der Konfrontation mit anderen negativen Egos. Beide halten an ihren Vorstellungen, an ihrem Weltbild fest, und nun geht es ihnen nur noch um Recht haben und sich durchsetzen. Dabei verteidigen beide nur ihr Gutes. Weil sie aber Gefangene sind ihrer Richtig-Falsch-Maschine, kommt nichts Gutes dabei heraus. Beide möchten gerne zu einer glücklichen Übereinstimmung finden. Stattdessen öffnen sie Tür und Tor für die ganze Palette negativer Gefühle, durch die sie sich nun selbst in ein höllisches Gefängnis einsperren. (Abb. 4) Dieses Verhalten des negativen Ego ist nicht intelligent, weil es nicht zu dem gewünschten Ziel führt.

## Es gibt weder Schuld noch Sünde, es gibt nur Unbewußtheit

Wenn zwei negative Egos konfrontativ verhakt sind, wird die Ursache für den Konflikt selbstverständlich immer bei dem anderen gesehen. Dann wird auch nicht von "Ursache", sondern von "Schuld" gesprochen. Der andere ist schuld an dem Konflikt. Na klar, denn wenn er seine Haltung ändern würde, wäre alles wieder in meiner Ordnung. Beide Beteiligte denken so. Beide können nicht sehen, wie sie in den Grenzen ihrer Richtig-Falsch-Maschine festsitzen.

**Abb. 4** Durch das negative Ego schafft sich der Mensch ein Gefängnis, aus dem er sich nur selbst wieder befreien kann.

Beide sind sich der wahren Ursache noch nicht bewußt, die in dem angespannten Festhalten an ihrem Richtigen zu suchen ist. Bei beiden liegt das Ursache-Wirkungs-Prinzip für dieses Problem noch im Unbewußten. Sie sind sich der Funktionsweise und des schöpferischen Potentials ihrer Denkfähigkeit noch nicht bewußt geworden. Im Moment erschaffen sie damit gerade ihre "Hölle". Jeder erschafft sie für sich selbst, indem er an der Identifikation mit seinen Bewertungen, mit seinen Vorstellungen, festhält und dadurch auf Kollisionskurs geht zu dem Kontrahenten. Beide sind aus der Liebe herausgefallen.

Der Begriff "Schuld" kommt aus der Denkweise des negativen Ego. Er ist eine Begleiterscheinung seiner "Bewertungs-Maschine": "Ich liege richtig, du machst etwas falsch". Dieser negative Automatismus unseres Denkens kann nur deshalb entstehen, weil es auf der anderen Seite einen positiven Automatismus gibt. Das ist unsere angeborene Sehnsucht nach Übereinstimmung, nach angenommen werden, nach richtig sein, nach Liebe. Beide gehören wie Schatten und Licht zusammen. In dieser Dualität bewegt sich unser Denken, solange wir noch nicht mit Logos übereinstimmen, solange wir noch nicht in das Licht, in das Gute, in das Wahre, in die Liebe als der beglückendsten Form der Übereinstimmung eingetaucht sind. Das Konzept "Schuld" mit all seinen negativen Gefühlen wie Ablehnung, Ausgrenzung, schlechtes Gewissen, Unzulänglichkeit, nicht gut genug sein, Hilflosigkeit, mangelndes Selbstwertgefühl gehört zu unserer Richtig-Falsch-Maschine wie der Gestank zum Mist.
Logos selbst kennt das Konzept "Schuld" nicht. Was vollkommen ist, kann kein Gegenteil haben. Logos steht jenseits der Dualität. Er ist das EINE, das vollkommen Übereinstimmende, sowohl im Denken wie im Fühlen. Mit Logos als dem eindeutigen Gesetz ist

eine bedingungslose Liebe verbunden, die den Menschen auf seinem Weg des Erkennens so annimmt, wie er gerade ist, wo er gerade steht. So ist auch das Konzept "Sünde" eine Erfindung des negativen Ego. Dabei projiziert es seine eigene Eigenschaft, in Richtg-Falsch-Kategorien und dabei an Schuld zu denken, diesmal auf den allgegenwärtigen Partner unseres Lebens, auf diese allgegenwärtige geistige Macht, der wir Menschen durch unser Denken und durch unser praktisches Leben Antwort geben.

Gott hat in Logos einen unpersönlichen Aspekt. Das Gesetz von Ursache und Wirkung regelt ohne Ausnahme und ohne "Ansehen der Person" alles und jedes im Universum. Seine Eindeutigkeit empfinden wir Menschen als Strenge, weil wir auf unserem Weg des Lernens aus Unbewußtheit immer wieder Fehler machen und unter ihren Auswirkungen leiden. Diese Tatsache projiziert das negative Ego als "Sünde" und "Bestrafung" in die Gedanken Gottes. Der Wurm kann sich seinen Gott eben nur als Wurm vorstellen.

Das negative Ego, gefangen in seiner Richtig-Falsch-Maschine, kann den persönlichen Aspekt, den Logos gleichzeitig auch hat, nicht nachvollziehen. Dieser äußert sich in bedingungsloser Liebe zu jedem einzelnen seiner Geschöpfe. Vollkommene Liebe gehört ebenso eindeutig zu Logos wie seine gesetzmäßige Absolutheit. Man kann darin den mütterlichen und den väterlichen Aspekt unseres Schöpfers sehen. Seine Liebe braucht niemals irgendeinen Fehler zu verzeihen. Denn sie befindet sich außerhalb der Dualität. Sie denkt nicht in Richtig-Falsch-Kategorien. Deshalb bewertet sie die Fehler der Menschen nicht und urteilt auch nicht über sie. Die Notwendigkeit, zu werten und zu urteilen, gehört der Welt der Dualitäten an. Logos steht jenseits davon in eindeutiger Unwandelbarkeit. Seine bedingungslose Liebe fragt nicht nach den Fehlern des Menschen, sondern sie liebt ihn uneingeschränkt. Für Logos gibt es weder Schuld noch Sünde. Es gibt nur die Unbewußtheit des Menschen als Ursache und (aufgrund des Kausalgesetzes) ihre unglücklichen Folgen als Wirkung. Durch Lernen kann alles Unglück in Glück umgewandelt werden. Das ist dem uneingeschränkten freien Willen des Menschen überlassen. Wir sind dabei, dieses unser Vorrecht zu nutzen und zu lernen, wie wir durch den richtigen Gebrauch unserer Intelligenz liebevoll und glücklich werden können.

Dem Ego mit seiner Richtig-Falsch-Maschine ist die Denkweise des Logos außerhalb der Dualität kaum vorstellbar. Das negative Ego in seiner Rechthaberei kann das niemals! Auch das positive Ego hat allergrößte Mühe damit. Weil es aber nach dem Ursache-Wirkungs-Prinzip in der Schöpfung fahndet und seine Intelligenz dazu benutzt, nach den wahren Bedingungen für Liebe, Glück und Erfolg zu suchen, ist es grundsätzlich bereit, alte Denkgewohnheiten loszulassen und sich für neue, effektivere zu öffnen.

## Verzeihen heißt, dem negativen Ego zu entsagen

Unser negatives Ego ist voll Sturheit und Anhaftigkeit. Angespannt hält es an seinen Überzeugungen fest. In dieser Eigenschaft liegt die Ursache für unser Unglück in Beziehungen. Wir sehnen uns nach Übereinstimmung und Liebe. Das negative Ego sagt: "Übereinstimmung ja, aber nur zu meinen Bedingungen!" Wenn das nicht klappt - und in der Konfrontation mit einem anderen negativen Ego klappt es nie - sind Angst, Wut, Haß, Traurigkeit, Depression, Eifersucht und alle möglichen anderen unglücklichen und destruktiven Gefühle die unausweichliche Folge.

Jetzt ist das positive Ego gefragt, diesen Ursache-Wirkung-Teufelskreis zu durchbrechen. Dazu muß es sehr genau unterscheiden lernen, **was** jetzt losgelassen werden muß. Es sind nicht notwendigerweise die eigenen Überzeugungen. Die können nach aller Erfahrung richtig sein. Was aber aus der Anspannung entlassen werden muß, ist das **Recht-haben-wollen**. Das positive Ego erlaubt dem anderen, **auch** recht zu haben, weil es Einsicht hat, welche Aufgabe unserem Denken zukommt. Es reagiert deshalb mit einem ausgeprägten Selbstbewußtsein: Indem es dem anderen sein Richtiges läßt, wird das eigene Richtige dadurch nicht notwendigerweise falsch. Das ist die Angst, aus der das negative Ego geboren wird. Auch wenn zwischen den beiden Anschauungen von dem, was jeder für richtig hält, ein krasser Gegensatz bestehen sollte, hält das positive Ego diese paradoxe Situation selbstbewußt aus. Seine Richtig-Falsch-Maschine hat sich auf eine höhere Ebene begeben. Es bezieht in dieser Sache einen Standort außerhalb der Dualität. Es geht damit in die Seinsweise bedingungsloser Liebe über. Auf diese Weise hat es unabhängig von seinem momentanen Wissensstand sozusagen schlagartig Anteil an Logos und ist für diesen Moment im Paradies. Bedingungslose Liebe, zu der eine Einstellung jenseits der Richtig-Falsch-Bewertungen gehört, gewinnt durch Loslassen und Zulassen das, was wir durch Anspannung und Recht-haben vergeblich zu erreichen suchen: Das Einssein mit Gott. Selbstbewußt weiß das positive Ego in diesem Moment, daß es richtig ist, anderen Menschen ihre Überzeugungen zu lassen, auch wenn es selbst dadurch im Moment mit seinen eigenen Überzeugungen nicht weiterkommen sollte. Es ist gelassen, weil es weiß, daß sich andere Wege finden werden, um sie zu verwirklichen. Diese neue Einstellung des positiven Ego ist mit einem Gefühl von Freiheit und glückseliger Freude verbunden. Verzeihen können heißt, nicht mehr den Konflikten und all den leidvollen Gefühlen ausgeliefert zu sein, die unsere Rechthabereien verursachen, sondern kraft Einsicht sich aus dem destruktiven Anteil der Richtig-Falsch-Maschine befreien zu können ! Das ist ein Gefühl wie es der junge Vogel haben muß, wenn er vom Nestrand abspringt, sich ins Bodenlose stürzt und beglückt feststellt, daß er nun fliegen kann.

Das Rechthaben loszulassen und zu verzeihen, ist wie ein Absprung ins Bodenlose. Denn wir verlassen damit nicht nur einen uralten, persönlichen, für fest gehaltenen Standort, sondern wir emanzipieren uns außerdem auch noch aus einer allgemein als "natürlich" angesehenen Gewohnheit. Wie immer, wenn wir uns in unbekanntes Terrain vorwagen, werden wir von zahlreichen Ängsten geplagt: Verliere ich dabei nicht meine Persönlichkeit ? Was bleibt denn von mir, wenn ich meine Überzeugungen nicht verteidige ? Wer bin ich dann noch ? Denkt der andere dann nicht, er könne mit mir machen, was er will ? So äußert sich unsere totale Identifikation mit unseren Bewußtseinsinhalten. Durch Konfrontation, Auseinandersetzung und Aggression hat das negative Ego bisher geglaubt, das Richtige zu tun, um seine Persönlichkeit zu behaupten und sein Glück durchzusetzen. Diesen gewohnten und vermeintlich sicheren Standort aufzugeben, fühlt sich wirklich wie der Absprung ins Bodenlose an und ist mit entsprechenden Ängsten verbunden. Wie der junge Vogel, der sich zum ersten Male der Luft anvertraut, brauchen auch wir Mut, um uns in ein bisher nicht erfahrenes, unbekanntes, neues Medium der Tragfähigkeit hineinfallen zu lassen.

Tragen die beiden Flügel wirklich, die unserer Seele zur Verfügung stehen ? Die Antwort bekommen wir nur, wenn wir es tun, wenn wir den Absprung wagen, die Schrecksekunde überwinden und erfahren wie es ist, mit beiden Flügeln zu fliegen. Der eine Flügel besteht aus Anspannung. Wir müssen unser Denken benutzen, Logik einsetzen, um mit der Strenge von Ursache und Wirkung jederzeit umgehen zu lernen und Bewußtheit zu gewinnen. Mit diesem Flügel schwingen wir uns auf zu Logos. Das ist der **männliche Anteil** bei unserer inneren Arbeit. Der **weibliche Anteil**, der andere Flügel, ist die Entspannung, ist das Loslassen der Rechthaberei, ist das Verzeihen. Damit befreien wir uns von allen negativen Gefühlen, denn jetzt können wir das Sein annehmen, so wie es ist, und können es sein lassen. Wir kommen damit in die Seinsweise jenseits der Dualität und fühlen uns eins mit dem Dasein, was uns mit höchstem Glück erfüllt. Mit diesem Flügel schwingen wir uns auf zu der grenzenlosen Liebe, die mit Logos verbunden und die "höher als alle (menschliche) Vernunft" ist. Was uns durch alle männlichen Anstrengungen des Denkens, des Analysierens, des Postulierens, des Diskutierens, der Theoretisierens und Konstatierens nicht gelingt, das fällt uns durch weibliches Zulassen und Loslassen in den Schoß: Wir nehmen existentiell teil an der Seinsweise des Logos. Mit dem Glücksgefühl, das damit verbunden ist, steigt eine Ahnung seiner Vollkommenheit in uns auf. So muß sich das Paradies anfühlen.

Aber ohne die männliche Energie der Bewußtheit gelingt es uns nicht, in die weibliche Energie des Loslassens einzutauchen. Deshalb brauchen wir stets beide Flügel, um uns hinaufzuschwingen in immer höhere Bereiche der Einsicht und des Glücks, der Wahrheit und der Liebe. Anspannen und Loslassen, richtig koordiniert, bringt unserer Seele die beglückende Erfahrung, daß sie fliegen kann, daß sie geboren ist, um an der Leichtigkeit des Seins teilzuhaben und sie zu genießen.

Das Anspannen fällt uns relativ leicht. Unsere Denkmaschine ist immer am Rattern. Meist läuft sie allerdings automatisch in den gewohnten Mustern mit den üblichen Rechthabereien. Für das Loslassen müssen wir uns deshalb bewußt entscheiden und es üben, denn wir steigen damit bewußt aus den gewohnten Denkrastern des negativen Ego aus. In diese Richtung geht unser Bemühen, wenn wir uns seelisch fit machen wollen für die Liebe. Wir aktivieren damit die weiblichen Energien unserer Seele und werden uns vielleicht erstmals bewußt, welchen schöpferischen Anteil das Weibliche am Gelingen des Lebens hat. So wie ein Vogel nicht mit einem Flügel fliegen kann, genauso gerät auch unser Leben ins Taumeln und Trudeln, wenn wir nicht beide Energien, die männlichen und die weiblichen, die Anspannung und das Loslassen, gleichzeitig beherrschen und ausgewogen benutzen.

Wir erkennen darin ein allgemeines Schöpfungsprinzip, das uns in tausendfachen Analogien auf allen Ebenen des Lebens immer wieder begegnet. Im Umgang mit unserem Körper z.B. sind wir vertraut mit dem notwendigen Wechsel von Anspannung und Entspannung. Bei allen Bewegungen wechseln unsere Muskeln zwischen diesen beiden Zuständen hin und her. Auch auf dieser Ebene fällt uns das Anspannen leichter als das Loslassen. Darin drückt sich unsere Gewohnheit aus, an unseren Denkmustern mit Sturheit festzuhalten. Die Schwingungsdauer zwischen Anspannung und Entspannung wird länger, wenn wir an unseren Tag-Nacht-Rhythmus denken. Auch aufnehmen und ausscheiden wie bei der Verdauung ist ein analoger Vorgang. Die Nahrung in ihre einzelnen Bestandteile zu zerlegen und dem Körper einzuverleiben, ist der Energie, die das Unbrauchbare ausscheidet und losläßt, entgegengesetzt. Unsere geistige Auseinandersetzung mit der Welt können wir ebenfalls als eine Art Verdauung ansehen, bei der unser Denken geistige Inhalte herausanalysiert und aufnimmt, um nach dem Vorbild von Logos Bewußtsein aufzubauen. Immer wenn neue Erkenntnisse hinzukommen, verändern sich bisherige Einsichten, und Ungeeignetes und Falsches muß aussortiert und weggelegt werden.

## Die schöpferische Macht unseres Glaubens

Das Ergebnis unserer geistigen Welt-Verdauung ist unser Weltbild. Es ist der geistige Körper, in dem wir leben. Er enthält alle unsere Glaubenssätze darüber, wie wir die Welt interpretiert haben, wie wir uns selbst darin sehen und was wir aufgrund dessen für wahr halten. Wie immer sind mit unseren Bewertungen Gefühle verbunden. Unser Weltbild bestimmt deshalb über unser Lebensgefühl. Zum Beispiel: "Die Welt ist wunderbar. Sie ist ein spannendes Abenteuer. Durch das Gesetz von Ursache und Wirkung können alle Probleme gelöst werden. Ich bin intelligent und habe damit den Schlüssel zu meinem Glück selbst in der Hand. Ich fühle mich kraftvoll und sicher." Oder: "Die Welt ist ein undurchschaubares chaotisches Durcheinander und ein Kampf aller gegen alle. Ständig werden wir von neuen Problemen heimgesucht. Leiden ist die einzige Konstante in unserem Leben. Es gibt kein Entrinnen, weil alle Lösungsversuche zu neuen Problemen führen. Ich fühle mich sehr unsicher. Wo nur könnte ich Halt finden !?"

Die zahllosen Glaubenssätze, zu denen unsere täglichen Erfahrungen gerinnen, setzen sich als Weltbild in unserem Bewußtsein fest und gewinnen schöpferische Macht über uns und unser Leben. Denn sie sind das Programm, nach dem unsere Persönlichkeit funktioniert, sie sind die "Brille", durch die wir die Welt betrachten. (Abb. 3, S. 40) Unsere Innenwelt mit ihren Wertungen und Überzeugungen steuert unsere Wahrnehmung der Außenwelt. Auf diese Weise erschaffen wir in unserem äußeren Erleben das, was an Vorstellungen und Erwartungen in unserem Weltbild vorgegeben ist.

In Ausnahmesituationen können wir diese Funktionsweise unseres Bewußtseins besonders leicht beobachten. Wenn wir z.B. verliebt sind, möchten wir die ganze Welt umarmen, weil wir unter dem beglückenden Eindruck des inneren Entgrenztseins stehen. Die neue Erfahrung des Einsseins mit dem Geliebten übertragen wir auf die ganze Welt und sehen nicht nur unseren Geliebten, sondern die ganze Welt durch eine rosarote Brille. Später, wenn wir erkennen, daß wir uns in vielen unserer Erwartungen getäuscht haben, tragen wir ebenso unsere Frustrationen wie eine Mauer mit uns herum, die uns in Leiden einsperrt und die ganze Welt mit einem Trauerrand versieht.

Aber auch wenn wir nicht durch solche besonderen Erfahrungen gehen, projizieren wir immer unser Inneres nach außen und erschaffen täglich durch unsere verinnerlichten Glaubenssätze und Überzeugungen das, was wir erleben. **Diese Einheit von Glauben und Erfahren, von Bewußtsein und Dasein, ist das entscheidende Charakteristikum unserer seelisch-geistigen Natur**. Es ist ein Ausdruck unserer Ebenbildlichkeit mit Gott, dessen Geist (Logos) und seine praktische Umsetzung im Dasein (Schöpfung) auch EINS sind.

Wir Menschen allerdings haben die schöpferische Macht unseres Denkens noch nicht richtig begriffen. Deshalb gehen wir noch sehr unachtsam mit diesem brisanten "Werkzeug" um. "Das kann ich nicht" z.B. beschneidet unsere Möglichkeiten so sehr, daß sich dieser Glaubenssatz durch unsere Erfahrung tatsächlich bestätigt. Und die Erfahrung verfestigt ihrerseits wieder den Glaubenssatz. Ein schöpferischer Zirkelschluß entsteht. Genauso schöpferisch sind auch Sätze wie: "Ich bin dumm", "Das passiert immer nur mir", "Mich mag keiner", "Ich bin arm", "Mir geht es nicht gut", "Ich bin ein Opfer". Alle diese Glaubenssätze werden sich durch unsere praktischen Erfahrungen bestätigen, weil wir erwarten, daß es so ist. Unsere Erwartungen bilden die Brille, durch die wir unsere Welt wahrnehmen und erleben. Zahllos sind die negativen Glaubenssätze, mit denen jeder selbst sein Leben täglich sabotiert und vermiest und sich damit aus der Freude und der Liebe selbst herausdenkt.

Warum verhalten wir uns so unvernünftig ? Vielleicht haben wir schon von der schöpferischen Macht unserer Denkgewohnheiten gehört, aber unserer Gewohnheit folgend glauben wir nicht daran und wenden dieses Wissen deshalb auch nicht an. Wir sind noch nicht tiefstinnerlich davon überzeugt, daß unsere Denkgewohnheiten, die sich zu Glaubenssätzen verfestigt und verinnerlicht haben, die universalen Ursachen für unser Leben sind.

Die Entwicklung des menschlichen Bewußtseins ist allerdings an einem entscheidenden Punkt angelangt. Wir sind dabei, aus dieser Unbewußtheit aufzuwachen. Immer mehr Menschen erkennen die Möglichkeit, ihre mentalen Fähigkeiten bewußt zu nutzen und sie so umzuformen, daß sie zur Ursache ihres Erfolges werden. Jeder weiß, daß beim Sport heute ein wichtiger Teil des Trainings mental geleistet wird. Der Sportler versichert sich durch Vorstellungskraft aller seiner Fähigkeiten so intensiv, daß er mit felsenfestem Glauben an seinen Erfolg und mit einem selbstsicheren Gefühl in den Wettkampf geht. Die Kunst des mentalen Trainings besteht darin, einen tiefstinnerlichen, festen Glauben an das, was man erreichen möchte, in sich aufzubauen. Dieser Glaube ist das Primäre, denn alles in unserem Leben geht aus unserem Geist, aus unserem Bewußtsein, hervor. Durch entsprechende Anstrengungen in der Praxis (Training) verwirklichen wir das, woran wir glauben. Je stärker der Glaube ist und je plastischer die Vorstellung davon, wie wir es erreichen werden, umso sicherer und leichter verwirklichen wir es.

Diese Form von intelligentem Training können wir für alle Ziele einsetzen, auch für das Ziel, sich aus der Zwanghaftigkeit negativer Emotionen zu befreien, um eine glückliche Partnerschaft zu verwirklichen. Dazu wollen wir uns mental noch etwas mehr vorbereiten, indem wir das geheimnisvolle Ursache-Wirkungs-Prinzip unserer Intelligenz und ihre wunderbaren Möglichkeiten noch tiefer zu erfassen suchen.

Wenn wir uns klar machen, daß unsere menschliche Intelligenz von derselben Art ist wie die kosmische Intelligenz, erhebt sich unser Selbstbewußtsein auf eine neue Stufe. So wie jedes Säugetier, jeder Fisch oder jeder Vogel die speziellen Eigenschaften seiner Spezies hat, so ist die Spezies Mensch durch die Eigenschaften der göttlichen Intelligenz gekennzeichnet. Das heißt, wir sind die göttlichen Kinder Gottes. Sein Geist ist schöpferisch und hat die Macht, in eindeutiger Ursache-Wirkung-Beziehung Realität zu erschaffen. Er erschafft täglich das Universum, die Erde, die Natur in all ihrer geordneten Komplexität. "Es werde Licht, und es ward Licht" heißt es in der Schöpfungsgeschichte. Per Gedankenkraft erschafft die göttliche Intelligenz. Genauso erschaffen auch wir Menschen per Gedankenkraft unsere Wirklichkeit. Allerdings erschaffen wir sie noch nicht mit der Vollkommenheit von Logos, sondern vorläufig nur aus dem Zustand unseres momentanen Bewußtseins heraus. Unser Glaube, unsere tiefstinnersten Überzeugungen haben die Macht, die Wirklichkeit unseres Lebens zu erschaffen. Die Fehler (in Bezug auf Logos), die sie enthalten, sind die Ursachen für alle unsere Schwierigkeiten, unsere Probleme, unsere Leiden und unser Ausgegrenztsein aus dem Einssein, aus der Liebe.

Der entscheidende Mangel unseres Bewußtseins ist, daß wir uns bisher über den vollen Umfang unseres geistigen Potentials mit seinem Woher und Wozu nicht im klaren sind. Wir gewinnen eine ganz neue Dimension unseres Menschseins, wenn wir die aufdämmernden Erkenntnisse über den Ursprung und das Ziel unserer Intelligenz praktisch erproben. Gestützt auf die dabei entstehenden Erfahrungen können sie sich dann zu lebensgestaltenden Glaubenssätzen in uns verfestigen. Auf diese Weise hebt sich das menschliche Bewußtsein auf eine höhere Stufe, ja es wird sich erst dadurch seines wahren Selbst bewußt.

Bisher haben wir wie die Vogeljungen nur auf dem Nestrand gesessen und haben durch wildes "Flügelschlagen" die Kräfte unserer Seele erprobt. Mit dem "Flügel" unseres Denkens haben wir naturwissenschaftliche Erkenntnisse gesammelt und sind im Bereich der Sachen tief in die Wirkungsweise von Logos eingedrungen. Diese haben wir selbst schöpferisch angewendet und haben uns mit Hilfe der Technik die Rolle des Herrn über die Natur angemaßt. Bei allen Erfolgen erkennen wir mehr und mehr auch die Probleme, die wir uns damit selbst geschaffen haben. Uns geht es wie dem Zauberlehrling, der die Geister rief, und sie nun nicht mehr bändigen kann.
Meisterschaft gewinnen wir erst, wenn wir Logos verwirklichen und beide "Flügel" unserer Seele koordiniert gebrauchen können.

Das heißt wir müssen lernen, auch den "Flügel" unserer Gefühle bewußt einzusetzen, um in unseren Beziehungen die Liebe zu verwirklichen. Bisher haben wir diesen Teil unserer Seele in völliger Unbewußtheit der Herrschaft des negativen Ego überlassen. So haben uns unsere Gefühle zu Kriegen, zu Hexenjagd, zu Gewalttätigkeit, zu zahllosen Süchten, zu Mißbrauch und zu allen Arten von politischen, wirtschaftlichen und privaten Machtkämpfen hingerissen. Die Liebe ist dabei zum "Kampf der Geschlechter" entartet.

Mit dem Begriff "emotionale Intelligenz" haben wir gerade erst begonnen, die Frage nach der Kontrollierbarkeit unserer Gefühle zu stellen. Damit ist jedoch der entscheidende Schritt getan, unser Fühlen mit dem Denken zu verbinden. So sind wir auf dem Weg, die richtige Koordination dieser beiden Seelenkräfte zu lernen. Dadurch werden wir endlich den Nestrand verlassen und unsere wahre Natur, Kinder des Logos zu sein, im "Fliegen" erfahren können.

## Das höhere Selbst, unser göttlicher Kern, als innerer Leitstern

Unsere wahre Natur und unser ganzes geistiges Potential entfalten wir in dem Maße, wie wir Logos in unserem individuellen Leben verwirklichen können. Dabei finden wir unser höheres Selbst, jenen Teil in uns, der die Einheit mit Gott nie verloren hat. (Er macht sich manchmal als Gewissen oder als Intuition bemerkbar).

Zwei Möglichkeiten der Annäherung an die Erfahrung Gottes in uns haben wir: Mit dem Denken forschen wir nach der Wahrheit des Gesetzes von Ursache und Wirkung und wenden es an. Das ist der männliche Teil unserer Seelenarbeit. Er fördert aber auch einen negativen Aspekt zutage, nämlich Recht haben und sich mit seinen Überzeugungen durchsetzen zu wollen. Diese Energie ist für unser Ziel, die Liebe, kontraproduktiv. Sie entzweit, wirft uns aus dem Gefühl der Übereinstimmung heraus und ist Ursache für alle Arten von negativen Gefühlen. Sie versetzen uns in Leid, weil wir eine angeborene Sehnsucht nach Einklang, nach Glück, nach Liebe in uns tragen.

Durch diese Sehnsucht ist die zweite Möglichkeit der Annäherung an Logos in uns angelegt, der Weg über unsere Gefühle. Das Glück der Harmonie und Übereinstimmung können wir auf männliche oder auf weibliche Art und Weise erreichen. Das positive Ego versucht, durch Argumentation und Überzeugungskraft über die Schiene des Denkens Übereinstimmung in den Bewertungen zu erzielen. In vielen Fällen gelingt das aber nicht, weil der andere der Argumentation nicht folgen kann oder will.

Dann bleibt der zweite Weg zur Übereinstimmung, den wir immer haben, der Weg, über die Liebe ins Einssein zu kommen. Er bringt uns in direkten Kontakt mit unserem höheren Selbst. Wenn wir alles Argumentieren loslassen und aus der Dualität mit ihrem Zwang zum Richtg-Falsch-Denken heraustreten, wenn wir verzeihen und die Situation so annehmen und sein lassen, wie sie ist, kommen wir in die Seinsweise der bedingungslosen Liebe. Sie ist mit einem Gefühl großen Glücks und vollkommener Harmonie mit dem Dasein verbunden. Es ist ein Gefühl großen Friedens, weil nichts mehr zu wünschen übrig bleibt; denn wir sind am Ziel unserer Sehnsucht, eins mit Gott zu sein, angelangt. Es ist die Erfahrung der Mystik, der geistigen Vereinigung mit dem Urgrund des Seins, mit der Liebe, aus der alles Leben hervorgeht. Alle Anspannungen des Argumentierens, des Recht-haben-wollens, der Verteidigung und der Angst, sein Richtiges nicht durchsetzen zu können, fällt von uns ab. Diese entspannende geistige Haltung gegen den Widerstand des eigenen negativen Ego bewußt herbeiführen zu können, erzeugt das beglückende Gefühl, aus uralter Sklaverei befreit, verläßlich von der Leichtigkeit des Seins getragen zu werden, so wie ein Vogel in der Luft.

Mit der Entscheidung zu verzeihen nehmen wir uns bewußt aus der uralten Gewohnheit des Ego heraus, sich selbst als den Herrn aller Dinge zu fühlen und beurteilen zu wollen, was richtig und was falsch sei. Das positive Ego erkennt an, daß es mit seiner begrenzten Einsicht die ganze Wahrheit des Logos, der als Schöpfer aller Universen von unendlicher Komplexität ist, sowieso nicht erfassen kann.

Es geht uns wie den fünf Blinden (Abb. 5), die auf ihre Weise mit den Händen einen Elefanten "sehen". Der eine befühlt den Rüssel und sagt: "Der Elefant ist wie ein Schlauch". Die zweite hat das Ohr zu fassen bekommen und urteilt: "Der Elefant ist wie ein Stück Leder". Der dritte hat die Arme am Bauch ausgebreitet und meint: "Der Elefant ist wie eine gebogene Wand." Der vierte umfaßt ein Bein und sagt: "Der Elefant ist wie eine Säule." Die fünfte schließlich hat den Schwanz erwischt und glaubt: "Der Elefant ist wie ein Seil." Vom jeweiligen Standpunkt aus haben alle recht. Aber keiner erfaßt die ganze Wahrheit.

**Abb. 5** Jede individuelle Wahrheit hat "blinde Flecke" in Bezug zur objektiven Wahrheit.

So haben wir alle unsere blinden Flecken. Wenn wir aufgrund dieser Einsicht die Anmaßung des negativen Ego loslassen und für diesen Moment der Meinungsverschiedenheit aus der Dualität heraustreten und verzeihen, haben wir Anteil an der grenzenlosen Liebe, die die Seinsweise des Logos ist. In diesem Moment, wo wir die Anspannung des Ego, selbst beurteilen zu wollen, losgelassen und durch das Gefühl reiner Liebe Logos direkt "angezapft" haben, können wir mit dem Loslassen noch einen Schritt weitergehen. Wir überlassen die Beurteilung der Situation dem Geist, der allein sie in allen Einzelheiten durchschauen kann. Das ist Logos. Dadurch treten wir mit seiner Allwissenheit in Kommunikation und bitten darum, durch seinen Geist zum Bestmöglichen geführt zu werden.

Im Unterschied zum menschlichen Geist, der durch das Bewußtsein seines Ego und seiner Persönlichkeit individuell geprägt und begrenzt ist, nennen wir den Geist, der aus der Vollkommenheit und Allwissenheit des Logos heraus tätig ist, den Heiligen Geist. Damit der menschliche Geist mit dem Heiligen Geist kommunizieren kann, bedarf es der Vorarbeit des positiven Ego. Es hat sich schon intensiv und ausführlich mit dem Gesetz von Ursache und Wirkung, das heißt mit der Wahrheit von Logos auseinandergesetzt, so daß es verstehen und etwas damit anfangen kann, was der Heilige Geist ihm an Gedanken eingibt. Je weiter das positive Ego auf diesem Weg vorangeschritten ist, umso größer ist seine Einsicht und umso umfangreicher und vollkommener kann es mit dem Heiligen Geist kommunizieren. Wir nennen diese Fähigkeit, Wissen im eigenen Inneren unmittelbar aus der Quelle zu empfangen "**Intuition**".
Über diesen Weg sind z.B. alle geistigen Pioniertaten und großen Entdeckungen und Erfindungen auf die Erde gekommen. Nach-

dem sich einzelne Forscher mit ihrem Interessengebiet intensiv auseinadergesetzt und zahlreiche Puzzlesteine des Wissens zusammengetragen hatten, kam die Lösung des Problems, nachdem sie lange qualvoll im Dunkeln getappt waren, plötzlich und in erlösender Klarheit wie ein Geistesblitz. Diese Erleuchtung ereignete sich meist in entspannter Atmosphäre, im Schlaf oder bei einem Spaziergang. Plötzlich schoben sich alle vom Ego ungeordnet gesammelten Puzzleteile zu einem neuen, größeren, vollkommeneren Bild der Wirklichkeit zusammen. So haben es viele der Betroffenen erlebt und beschrieben.

Dieses Geschenk des plötzlichen Erkennens, des intuitiven Wissens, kommt jedoch nur zu einem, bei dem einerseits die Liebe zur Wahrheit groß ist, bei dem deshalb der intensive Wunsch nach mehr Einsicht besteht und der aufgrund dessen andererseits schon viele Puzzleteile des Wissens zusammengetragen hat. Mit Ignoranten ist Kommunikation nicht möglich. Und niemand als jeder für sich selbst kann dafür sorgen, daß die eigene Ignoranz überwunden wird.


Denn jeder Mensch kann, auch wenn es "nur" um seine ganz alltäglichen Probleme geht, diesen Kanal zur Allwissenheit und zur Allmacht des Logos für sich öffnen und intuitiv Wissen empfangen. Voraussetzung ist, daß er aus der Einstellung der Liebe heraus um eine Lösung für sich und alle Beteiligten bittet. Die Liebe ist gekennzeichnet durch das Loslassen der Sucht, selbst beurteilen und Recht haben zu wollen und ist somit eine Form von **Entspannung**. Mit der Einstellung, "nicht mein Wille, sondern dein Wille geschehe", öffnen wir in uns den Zugang zu der geistigen Quelle, aus der alle Liebe, alles Gute, alle Wohltaten, alle Weisheit und alles Glück für unser Leben fließt. (Abb. 6)

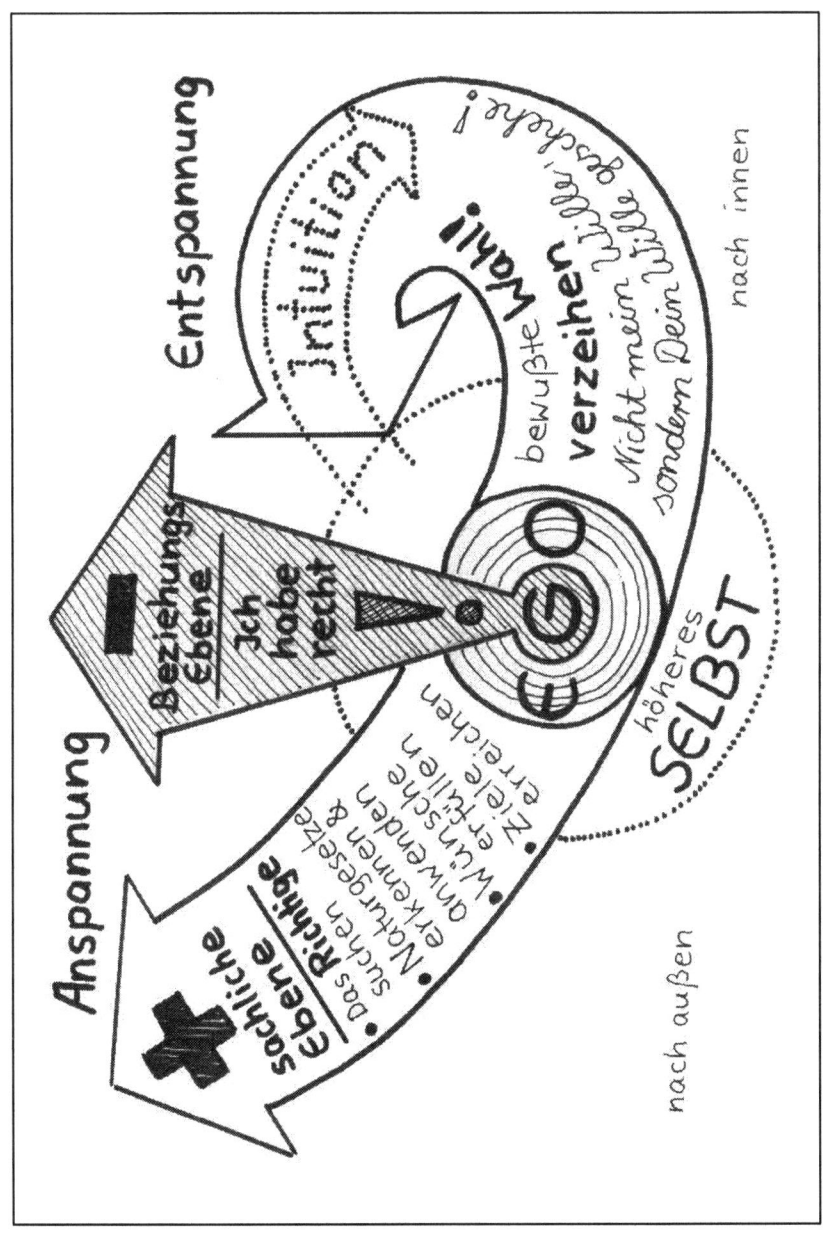

**Abb. 6** Das negative Ego blockiert den Zugang zum eigenen göttlichen Potential.

Diese geistige Quelle befindet sich in jedem Menschen. Ich möchte sie unser **höheres Selbst** oder unseren göttlichen Kern nennen. Das "Ventil", mit dem wir diese Quelle der Intuition unter Verschluß halten oder sie öffnen können, ist unser Ego. Es entsteht durch unser Denken, das sich zu Wissen und Überzeugungen verinnerlicht und verfestigt hat. Vieles davon ist uns aber nicht bewußt. Wenn wir uns aus dieser Unbewußtheit befreien und mit unserem Denken und Fühlen bewußt umgehen lernen, können wir unseren individuellen Geist zu einem Kanal machen, durch den wir die Quelle der Allmacht und der Allwissenheit von Logos für die Lösung unserer Probleme und für die Erfüllung unserer Wünsche anzapfen können.

Der Schlüssel, um diesen Kanal zu öffnen, ist die annehmende Liebe, ist das Loslassen unseres negativen Ego. Seine Angewohnheit, Recht haben zu wollen, ist die Ursache für alle Differenzen, ist die Ursache für Angst, Haß, Wut, Traurigkeit, Frustration, Depression, Neid, Gier, Groll und alles Leid, das sich daraus ergibt. Mit diesen negativen Gefühlen **blockieren** wir den Zugang zu der Quelle alles Guten in uns.

Wenn wir uns aber um die Liebe bemühen, haben wir täglich die Chance, unserer Anhaftigkeit an unsere alten Programmierungen und Rechthabereien zu begegnen, und wir haben die Möglichkeit, sie aus der Unbewußtheit herauszuheben und sie uns anzusehen. Jetzt können wir die Freiheit unseres Geistes nutzen und **bewußt** eine Einstellung **wählen**, die uns aus der uralten Versklavung unserer ungeeigneten Programmierungen herausführt.

Bisher sind wir dem alten Bild des negativen Ego gefolgt und waren der Meinung, daß wir unsere Vorstellungen und Wünsche selbst durchsetzen müßten. Das war eine übermächtige, leidvolle Anspannung. Durch unsere neue Einstellung entspannen wir uns und übergeben die Bilder von dem, was wir uns wünschen, unserem höheren Selbst. Wir geben sie damit in die Hände der Allmacht und Allwissenheit. Voll Vertrauen können wir jetzt eine optimale Verwirklichung unserer Wünsche erwarten. Unsere neue Einstellung: "Nicht mein Wille, sondern dein Wille geschehe" führt zu großer Gelassenheit und innerem Frieden. Denn wir haben unsere Angelegenheiten dem Schöpfergeist übergeben, der mit grenzenloser Liebe und allumfassender Einsicht für uns tätig ist und unter Berücksichtigung aller Faktoren für alle Beteiligten das Optimale in die Wege leitet.

Aber es bedarf unserer Mitarbeit. Um mit dem Schöpfergeist kommunizieren zu können, müssen wir unsere Antennen auf Empfang stellen. Denn er spricht durch Menschen, durch Bücher und durch zahlreiche andere "Kanäle" zu uns und spielt uns im praktischen Leben Informationen, Gelegenheiten und Chancen zu, die wir nur dann verwerten können, wenn wir intuitiv die darin verborgenen Möglichkeiten erfassen und nutzen können. Dazu müssen wir ein gut trainiertes positives Ego haben. Je besser wir die "Spielregeln" kennen und je mehr unser Geist in der Suche nach Wahrheit trainiert ist, umso besser funktioniert unsere Intuition, umso sicherer können wir die "Bälle" aufnehmen, die uns zugespielt werden, und umso vollkommener können wir das Spiel mitspielen.
Denn die Welt ist ein großes Spielzeug, das Gott für seine Kinder geschaffen hat, damit sie ihre geistigen Kräfte trainieren und ebenbürtige Spielpartner werden können. Liebe, Freude, Wohlstand, Glück, Gesundheit sind die Indizien für erfolgreiches Mitspiel. Denn Gott hat die Welt als ein Paradies erschaffen. Wir alle sehnen uns danach und arbeiten männlich angespannt daran, es selber zu erschaffen. Weil wir dabei aber auch unser ne-

gatives Ego mächtig entwickeln, sabotieren wir unsere Ziele immer wieder und zerstören durch Streit, Kampf, Krieg, Machtansprüche das, was wir aufgebaut haben. Das gilt im Großen wie im Kleinen, im Weltmaßstab ebenso wie im privaten Leben, wo durch Unverträglichkeiten Völker Kriege gegeneinander führen oder Ehen und Familien im Haß auseinanderbrechen.

Mit einem Flügel können wir eben nicht fliegen. (Abb. 7) Und doch ist auch darin etwas Positives zu sehen, daß wir bisher vor allem die männliche Seite unserer inneren Arbeit favorisiert haben. Dadurch können wir jetzt analysieren und verstehen, was uns noch fehlt, um erfolgreiche Mitspieler im großen Spiel des Lebens zu werden. Wir müssen unseren zweiten Flügel entdekken und gebrauchen lernen, die weiblichen Kräfte des Entspannens, Loslassens und Zulassens einüben und durch die Bereitschaft zu verzeihen unser Inneres von allen blockierenden negativen Gefühlen reinigen, damit die Liebe fließen kann.
Dadurch öffnen wir den Kanal zu unserem höheren Selbst und können nun in Kommunikation treten mit dem Spielmacher. Durch Bilder und Visionen übermitteln wir ihm, was wir aus Liebe am Leben zu erreichen wünschen. Auf seine Hilfe vertrauend, können wir uns jetzt an die Arbeit machen. Mit konzentrierter Aufmerksamkeit entdecken wir die "Bälle", die er uns zuspielt, die wir bei der Verwirklichung unserer Wünsche verwenden können. Je besser wir die Spielregeln kennen, umso leichter gelingt uns das: Zur rechten Zeit anspannen und sich anstrengen sowie zur rechten Zeit loslassen und sich von Gott tragen und führen lassen. So nutzen wir auf intelligente Weise unsere männlichen und weiblichen geistigen Energien, um immer auf der glücklichen Seite des Lebens zu sein. Sie ist die einzige Seite, die wirklich und wahr ist.

**Abb. 7** "Männlicher und weiblicher Flügel der Seele" sind ungleich entwickelt. Der freie Flug kann so noch nicht gelingen.

## Die Perspektive des Ewigen im Leben unserer Seele

Was uns daran hindert, sind unsere Einstellungen, die zu unglücklichen Gefühlen und uns damit heraus aus der Liebe führen. Angst, Wut, Neid, Groll, Traurigkeit und andere leidvolle Gefühle können uns unversehens überfallen. Aus der Psychologie wissen wir, daß ein aktuelles Ereignis alte Bewertungen und Denkgewohnheiten, die sich als "Bodensatz" von früheren ähnlichen Erfahrungen in unserem Bewußtsein abgelagert haben, spontan reaktivieren und das alte Gefühl wiederbeleben kann. Meist sind wir uns dieser alten Ablagerungen nicht bewußt und können sehr oft auch nicht sagen, durch welche Erfahrungen sie entstanden sind. Der Grund für diese Unbewußtheit über die Entstehungsgeschichte unserer Persönlichkeit liegt in der Natur unserer Seele. Wir haben schon festgestellt, daß sie von derselben Spezies ist wie Gott. (Der Einheit von Logos & Liebe entspricht in der Seele die Einheit von Denken & Fühlen). Jetzt wollen wir eine weitere Konsequenz dieser Tatsache betrachten: Wie Gott ist unsere Seele unsterblich. Das heißt, sie lebt ewig und ist durch zahllose Erdenleben gegangen. Die Erfahrungen, die sie dabei gemacht hat, und ihre Bewertungen haben ihr heutiges Bewußtsein und ihr Lebensgefühl entstehen lassen. Es ist charakterisiert durch bestimmte geistige Frequenzen. Diese können jederzeit durch entsprechende Frequenzen von außen reaktiviert werden. "Der liegt (nicht) auf meiner Wellenlänge", weiß der Volksmund. Glückliche und leidvolle Erfahrungen und Gefühle werden reaktiviert in dem Umfange, wie die entsprechenden geistigen Frequenzen in unserem Bewußtsein als Prägungen durch frühere ähnliche Erfahrungen vorhanden sind.

Daß viele unserer emotionalen Reaktionen durch die Prägungen in unserer Kindheit verursacht werden, weiß heute jeder. Die

Prägungen können aber auch noch weiter zurückliegen. Sie können aus früheren Leben stammen. Die Zeitlosigkeit unserer Seele bewirkt, daß sie ihre ganze geistig-seelische Entwicklung mit sich trägt, die sie zu dem gemacht hat, was sie heute ist. Das heißt, sie schleppt auch alle ihre Fehler mit, die sich in ungeeigneten Reaktionsmustern so lange immer wiederholen, bis sie Ursache und Wirkung durchschauen und den Teufelskreis auflösen kann. Neben der Sorge für unser materielles Überleben ist deshalb eine Hauptaufgabe unseres Lebens, unser Bewußtsein von den oft uralten geistigen Frequenzen zu "reinigen", die unsere unglücklichen Gefühle verursachen.

Alle unglücklichen Gefühle haben eins gemeinsam: Sie entstehen aus Mangel an Liebe. Wir haben gesehen, wie die Liebe sabotiert wird durch die Einstellung unseres negativen Ego. Weil es recht haben und sich durchsetzen will, kann sich unsere angeborene Sehnsucht nach Übereinstimmung nicht erfüllen und die Liebe kann nicht fließen.

Was die Sache so schwierig macht ist, daß unsere männliche Energie, das Richtige herauszufinden und sich im Überlebenskampf damit durchzusetzen, unserer weiblichen Energie entgegengesetzt ist, die Harmonie mit dem Seienden sucht und dazu lernen muß, das Recht-haben-wollen loszulassen und sich empfänglich zu machen für die Kommunikation mit ihrem höheren Selbst.


Der Gegensatz dieser beiden Energien ist ein Teil der Dualität, in der wir leben. Er bewegt unser inneres Leben und hat seine Entsprechung auch in unserem äußeren Leben, in der Tatsache nämlich, daß es männliche und weibliche Menschen gibt. Sie unterscheiden sich darin, daß die jeweils ihrem Geschlecht zugeordnete Energie in ihnen von Natur her stärker ausgeprägt ist.

Die innere Aufgabe jedes Menschen, mit "beiden Flügeln seiner Seele fliegen zu lernen", bekommt außen ein Übungsfeld, indem Mann und Frau als Paar die Aufgabe haben, sich um die Verwirklichung der Liebe zu bemühen, das heißt, die beiden entgegengesetzten Energien zu einer Einheit zu koordinieren.

Im Laufe unserer persönlichen Geschichte hat jeder Mensch sich in dieser Aufgabe schon zahllose Male sowohl als Mann wie auch als Frau gemüht. Wir haben also Erfahrungen aus beiden Lebensbereichen, und unsere Persönlichkeit ist von den entsprechenden geistigen Frequenzen geprägt. Diese sorgen dafür, daß wir die dazu passenden Frequenzen immer wieder anziehen. Auf diese Weise kommen Kinder zu ihren Eltern und Liebespartner fliegen aufeinander, sie ziehen sich magisch an und verlieben sich "unsterblich" ineinander. Dabei haben wir oft das Gefühl, uns schon lange zu kennen, obwohl wir uns gerade erst begegnet sind. Dieses Gefühl täuscht nicht. Tatsächlich haben wir meist schon mehrere Leben miteinander verbracht, um mal aus der männlichen und dann wieder aus der weiblichen Sicht die Liebe zu lernen. Denn es gibt neben den positiven Gemeinsamkeiten, die uns verliebt machen, meist auch einiges Konfliktpotential, das noch unbearbeitet ist und in Liebe aufgelöst werden soll. Deshalb treten bei aller Liebeseuphorie früher oder später, meist jedoch sehr bald, wieder die Verhaltensweisen zutage, die uns an unserem Partner nerven. Eine neue Runde des "Täter-Opfer"-Spiels beginnt, vielleicht diesmal mit vertauschten Rollen. Auf jeden Fall bekommen wir eine neue Chance, die richtige Koordination unserer beiden Seelenflügel zu üben und der Verwirklichung von Logos (Bewußtheit) und Liebe ein Stück näher zu kommen.

Als Mann leben wir eher aus der Energie des Ego, des Denkens, der aktiven Auseinandersetzung mit dem Kausalgesetz und der schöpferischen Weltgestaltung. Mit positiver Ausrichtung dient diese Macher-Mentalität der Lebenserhaltung. Die männliche Energie drückt ihre Liebe zum Leben in der Materie aus und zwar durch all die kulturellen und zivilisatorischen Schöpfungen, die unser Leben schöner, sicherer, bequemer, luxuriöser, unabhängiger und glücklicher machen. Leicht schlägt sie aber auch ins Negative um, wenn der Wille zur Beherrschung der Lebensbedingungen sich aggressiv durchsetzt und das Recht-haben-wollen zum Selbstzweck wird. Dahinter steht die Angst, ausgeliefert zu sein an eine feindselige Welt, in der man nur überlebt, wenn man sie kontrollieren kann. Die Angst entsteht aus der ausschließlich diesseitigen, materialistischen Perspektive auf die Welt. Kontrollieren heißt: "Ich muß selbst dafür sorgen, daß alles nach meinen Vorstellungen geschieht, oder ich gehe unter". Diese Einstellung enthält den Samen zu allen möglichen Formen der Gewalt. Und diese Gewalt wird gelebt ! Nicht nur von Männern, sondern von allen Menschen, die einseitig aus der männlichen Energie ihrer Seele leben und dabei ihr negatives Ego "ins Kraut schießen lassen".

Dabei bilden die negativen Einstellungen geistige Frequenzen in unserer Persönlichkeit, die immer wieder durch entsprechende Frequenzen von außen aktiviert werden können. Das ist der Motor, der das Täter-Opfer-Karussell am Laufen hält. Denn unsere selbst produzierten negativen Lebenseinstellungen können immer wieder ihre schöpferische Macht entfalten und für unsere zahllosen Leiden Regie führen.

Deshalb bedarf es als Korrelativ der weiblichen Energie. Frauen mit ihrer angeborenen Sehnsucht nach Harmonie verkörpern die Kraft, die die Auswirkungen des negativen Ego wieder auflöst und in die Übereinstimmung mit Logos & Liebe zurückführt. Die Frequenzen ihres negativen Ego begegnen der Frau am schmerzlichsten in den Konflikten mit ihrem Liebespartner. Sie würde so gern mit ihm ein Herz und eine Seele sein, aber immer wieder gibt es Anlaß zu Streit und Wut, oft um dieselbe Sache. Wenn sich nichts bewegt, setzen sich Traurigkeit und Melancholie in ihrem Herzen fest.

Die Frau erlöst sich aus dieser schmerzvollen Situation nicht durch ihre männliche Macher-Energie, die den Partner passend zu machen versucht, sondern durch ihre weibliche Energie des Loslassens und Zulassens, indem sie ihrem Partner verzeiht und ihn so annimmt, wie er ist. Dabei verzeiht sie auch sich selbst, weil ihre negativen Frequenzen den Konflikt mit verursacht haben. Das ist sehr wichtig, weil wir selbst oft unsere unversöhnlichsten Kritiker sind und uns selbst am schwersten verzeihen können. Indem die negativen Frequenzen bei der Frau (dank ihrer Bitte um göttliche Hilfe = Gnade) gelöscht werden, verschwinden sie auch bei ihrem Partner. Durch diese Friedensarbeit sorgt sie Stück für Stück dafür, daß die alten Konflikte aufgelöst und sie zusammen mit dem Partner zurück in die Liebe geführt wird und dadurch zurück in die Übereinstimmung mit Gott. "Das ewig Weibliche zieht uns hinan". Warum zählen wir Goethe zu den Großen unserer Kultur ? Weil er uns in seiner Kunst zeitlose Wahrheiten nahegebracht hat.

Die Natur der Frau ist so eingerichtet, daß sie ihre Arbeit auf der Grundlage von Gefühlen macht; denn sie braucht Harmonie und Übereinstimmung, um sich wohl zu fühlen. Frauen haben feine Antennen für alles Emotionale. Störungen im zwischenmenschlichen Bereich nehmen sie deshalb empfindlich wahr. Und sie leiden darunter. Ihrer Natur folgend, müssen sie jetzt etwas unternehmen, damit die atmosphärischen Störungen beseitigt werden. Deshalb geht bei Unstimmigkeiten in der Partnerschaft die Initiative zur Bereinigung in der Regel von der Frau aus.

Genau an diesem Punkt ist "emotionale Intelligenz" gefragt. Nur wenn wir den ganzen Ursache-Wirkungs-Komplex auch in seiner spirituellen Dimension verstehen, können wir uns wirklich intelligent verhalten. Denn der Maßstab dafür ist, ob wir Harmonie, Glück und Liebe, unser von Herzen erstrebtes Ziel, auch tatsächlich erreichen. Bisher führen wir uns in alter Gewohnheit nur an der Nase herum mit unserer Illusion, das Problem liege beim Partner. Unter der Regie unseres negativen Ego drehen wir nur eine weitere Runde im "Täter-Opfer-Karussell".

An der Schwelle zum neuen Jahrtausend ist unser Bewußtsein jedoch so weit gereift und auch wir Frauen haben dank der Aufklärung unsere Intelligenz genug geschult, daß wir die Wahrheit unserer geistigen Natur analysieren und ihre phantastischen Möglichkeiten allmählich begreifen können. Nun müssen wir sie nur noch mit "männlicher" Entschlossenheit in die Tat umsetzen. Unser volles geistiges Potential erreichen wir erst, wenn wir auch den weiblichen Anteil unserer Seelenarbeit integrieren und Logos durch eine Haltung der Liebe direkt "anzapfen" können. Zwar ist diese Aufgabe allen Menschen gestellt, aber wir Frauen sind durch unsere Natur für diese Aufgabe besonders begabt. Unbewußt sind zahllose Frauengenerationen in der Geschichte schon ihrer Natur gefolgt und haben diese lebenswichtige Aufgabe getan, sich selbst und damit ein Stück Leben aus der zerstörerischen Energie des negativen Ego zu erlösen. Sofern sie diesen Beitrag zum Leben selbstbewußt dem der Männer an die Seite gestellt haben, wurden sie von ihnen dafür hoch verehrt und geliebt. Denn die schöpferische Macht unseres Geistes bewirkt, daß wir empfangen, was wir geben.

Viele Frauen haben diese anspruchsvolle Lebensaufgabe aber auch eher unbewußt und deshalb mehr schlecht als recht erfüllt, weil sie noch nicht aus weiblichem Selbstbewußtsein handeln konnten. Ihr Loslassen und Verzeihen ist dann aus männlichem Unverständnis oft als Schwäche ausgelegt und vielleicht auch ausgenutzt worden. Und dieser Ansicht haben sich die Frauen angeschlossen seit die "Gleichheit" der Geschlechter postuliert wird. Natürlich ist es eine Gleichheit nach männlichen Maßstäben, denn dieses Ideal ist ein Ergebnis der Aufklärung, die die Rolle der Vernunft, also der männlichen Seelenarbeit, für das Leben entdeckt hat. Inspiriert von dem Ideal der Gleichheit, geben sich Frauen in unserem Jahrhundert viel Mühe, mehr und mehr aus der männlichen Energie zu leben. In den Zeiten der beiden großen Kriege mußten sie die Arbeit der Männer übernehmen, später wollten sie es auch. Durch dieses von beiden Geschlechtern einseitige Ausleben der männlichen Ego-Energie werden natürlich auch dem negativen Ego Tür und Tor geöffnet. Die Folge davon ist, daß der weiblich entspannenden und heilenden Aufgabe im Leben Energie abgezogen worden ist. (Abb. 8)

So ist unser Gefühlsleben heute zum Problem geworden, und weltweit erhofft man sich z.B. aus einem Buch wie dem von Daniel Golemann über "emotionale Intelligenz" Aufschluß und Ansatzpunkte zur Lösung des Problems. Es ist aus männlicher Sicht geschrieben und mißt einer besonders schwerwiegenden Folge unseres vernachlässigten Gefühlslebens nicht die problemstiftende Bedeutung zu, die sie leider hat: Die Auflösung der Familienstruktur. Es ist das Symptom eines krebsartig

74

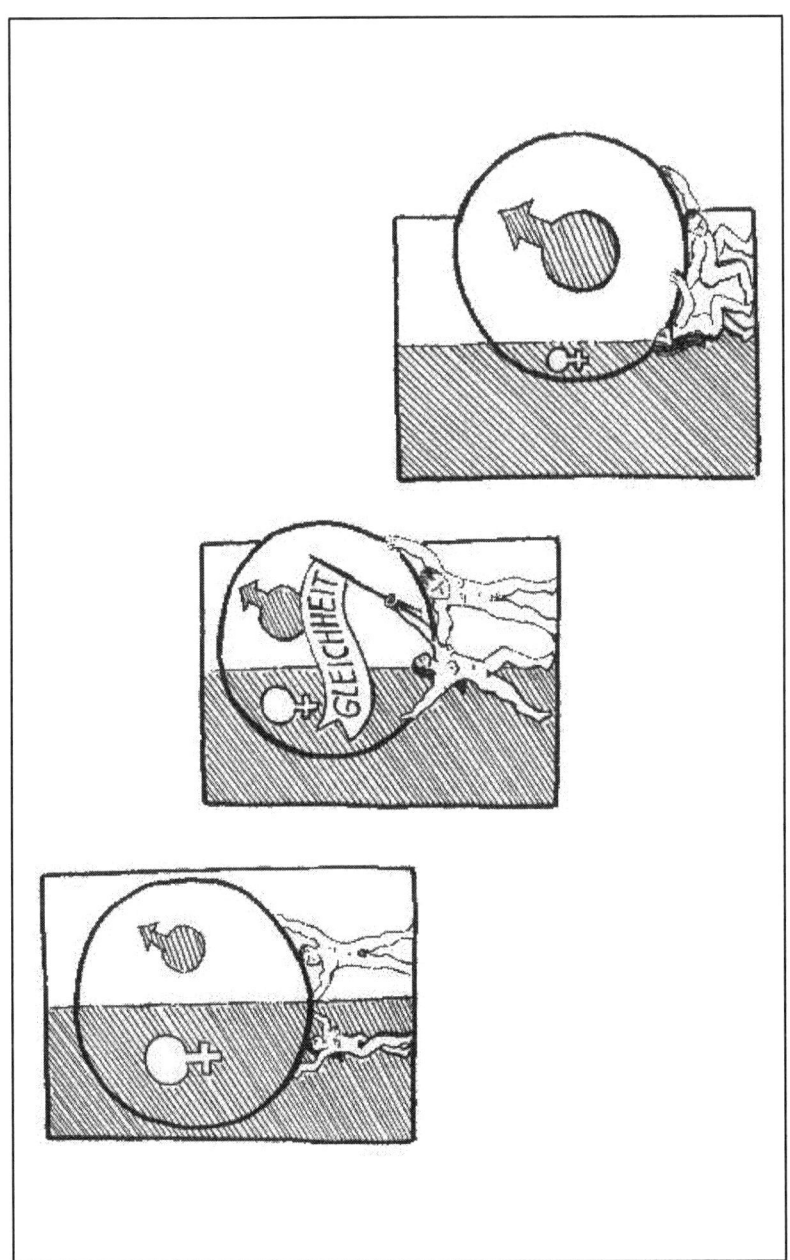

**Abb. 8** Die Gleichheits-Ideologie hat das energetische Gleichgewicht des Lebens aus der Balance gebracht.

wuchernden negativen Ego. Wie bei einer Lawine addiert sich gerade durch den Wegfall sicherer emotionaler Bindungen in der Familie die zerstörerische Wirkung, weil die Familie der Ort ist, wo in Kindern emotionale Intelligenz angelegt und eingeübt wird. Das geschieht durch praktische Erfahrung und durch Nachahmung vor allem des mütterlichen Vorbildes. Denn die Frau ist der emotionale Mittelpunkt der Familie. Wenn wir nicht hier bedingungslose Liebe und Angenommensein erfahren, kann sich der Glaube nicht verinnerlichen, daß wir als Kinder Gottes bedingungslos geliebt und angenommen sind. Das aber ist die Basis allen Selbstbewußtseins und allen Selbstwertgefühls. Nur aus dieser Gewißheit heraus können wir leben. Nur wenn wir den Glauben verinnerlicht haben, daß wir a priori "richtig" sind und in unserem Sosein angenommen und geliebt sind, können wir uns Fehler verzeihen und den Mut finden, weiterhin durch Versuch und Irrtum im großen Abenteuer des Lebens Logos & Liebe zu verwirklichen.

Dieses Grundgefühl, angenommen und "richtig" zu sein, diese emotionale Basis des Lebens nicht nur für die Kinder, sondern auch für den Mann zu schaffen, ist der wichtigste Teil der weiblichen Lebensarbeit. Es ist eine höchst anspruchsvolle geistige Arbeit, denn es geht immer wieder darum, durch Verzeihen das eigene negative Ego loszulassen und aufzulösen, das recht haben, verurteilen, sich durchsetzen und dem anderen vermitteln will, daß er eben nicht richtig sei. Diese weibliche geistige Leistung ist mindestens ebenso bedeutsam wenn auch viel weniger spektakulär, wie die offensichtlichen Pioniertaten des männlichen Geistes. In unserer momentanen Entwicklungssituation ist die weibliche Seelenenergie sogar noch wichtiger ! Denn ohne ihre korrigierende und heilende Wirkung verlieren wir den Kurs und verpassen auch das Lebensziel, das wir letztendlich mit der männlichen Seite unserer Seele suchen: die Verwirklichung von Logos. Dann nützen uns alle großartigen Erfindungen, technischen Errungenschaften, fortschrittlichen sozialen Leistungen und materiellen Gewinne aus der männlichen Arbeitswelt nichts. Denn wenn wir sie im Geiste des negativen Ego verwenden, potenzieren sie nur die Effizienz unserer zerstörerischen Kräfte.

Die Realität führt uns jeden Tag zahllose Beispiele vor Augen, daß wir aus noch dominierender Unbewußtheit unserem Geist erlauben, in diesem negativen Sinne schöpferisch zu sein. Verzweifelt strampelt sich das positive Ego ab und versucht, in einer endlosen Kette von Sitzungen, Konferenzen, Kongressen, Verhandlungen, Resolutionen und Verordnungen "vernünftige" Lösungen für die wachsenden Probleme der Welt zu finden. Dabei legt es sich selbst immer nur noch mehr Fallstricke. Die Probleme bleiben, aber alles wird unendlich viel komplizierter und dadurch immer unlösbarer.

Mit einem Flügel kann unsere Seele eben unmöglich fliegen. Ohne ihr weibliches Potential können wir nicht erkennen, daß die Wahrheit sehr einfach ist und daß sie uns freiwillig und liebevoll perfekte Lösungen schenkt in dem Maße, wie wir bereit sind, unsere Rechthabereien loszulassen, uns geistig zu entspannen ("nicht mein Wille, sondern dein Wille geschehe") und die optimalen Lösungen aus der Allmacht und Allwissenheit unseres höheren Selbst (Gottes) einfach nur entgegenzunehmen.

Der Scheidepunkt, an dem wir stehen, ist apokalyptisch. Jetzt entscheidet sich, ob wir als Lösung unserer Probleme die Macht unserer weiblichen Seelenenergie entdecken und verwirklichen. Die Einsicht und die Fähigkeit, die Liebe und damit die Verbindung zu Gott bewußt in das Leben integrieren zu können, ist das geistige Kriterium für das kommende Jahrtausend. Wer wäre prädestinierter als wir Frauen, auf diesem Weg entschlossen voranzugehen und selbstbewußt die Macht der Liebe heilend und dadurch schöpferisch einzusetzen ?

Wir würden damit endlich das geistige Niveau erreichen und praktisch verwirklichen, das Christus uns schon vor 2000 Jahren als unser aller Möglichkeit durch sein Leben vor Augen geführt und ans Herz gelegt hat. Nicht sein Kreuzestod ist von Wichtigkeit, auf den wir zweitausend Jahre lang Sonntag für Sonntag gestarrt haben und durch den wir uns zu einer leidenden und lebensverneinenden Einstellung haben inspirieren lassen. Fein verästelt hängt dieses märtyrerhafte Denken noch immer in unseren Gehirnwindungen und muß aufgespürt und losgelassen werden, damit es seine schöpferische Macht über unser Leben verliert.

Bisher haben wir Christus gründlich mißverstanden. Er wollte uns die befreiende und lebensbejahende Macht der Liebe zeigen, die uns in Kommunikation mit Gott bringt und den Tod auslöscht, dieses Phantom der Angst, das eine Erfindung des negativen Ego ist. Er wollte, daß wir die schöpferische Macht unseres Glaubens entdecken und durch die Liebe den Kanal zu unserem Schöpfer öffnen, um durch seine Allmacht und Allwissenheit alles geschenkt zu bekommen, was wir uns wünschen. Die "Wunder", die Christus wirkte, waren solche Geschenke. Es sind jedoch keine Wunder, sondern die konsequente Anwendung des Gesetzes von Ursache und Wirkung, allerdings auf einem geistigen Niveau, das wir bisher noch nicht erreicht, ja noch nicht einmal als unsere Möglichkeit begriffen haben. Die Ursache, die Christus dafür in Gang setzte, war seine ununterbrochene geistige Haltung bedingungsloser Liebe, durch die er sich ständig in Kommunikation mit Gott befand. Er nannte ihn "Abba" wie ein Kind sein "Väterchen" anspricht, von dem es mit allem versorgt wird, was es sich wünscht. Christus wollte uns die Auferstehung als Befreiung aus den Fängen der Angst zeigen, als seelische Heilung in Freude und Glück. Nicht als etwas, das erst nach dem Tod kommt, sondern das täglich mit jedem Stück Loslassen des negativen Ego möglich ist.

Besonders deutlich zeigte er uns diese Haltung allerdings gerade im Angesicht seines physischen Todes. Auch in dieser Bedrohung blieb er in Verbindung mit seinem himmlischen Vater und ist nicht in die Energie des negativen Ego eingestiegen, als seine Schergen eine rechthaberische Diskussion über seine Schuld führen wollten. Er schwieg und verzieh ihnen, denn er wußte, daß sie wie kleine Kinder noch ganz in Unbewußtheit gefangen waren und nicht einsehen konnten, was sie taten. Selbst in dieser bedrohlichen Situation blieb er außerhalb der Dualität in der Seinsweise uneingeschränkter Liebe. Damit blieb er seinem Vorhaben treu, uns jüngeren Geschwistern zu demonstrieren, daß unsere Natur Geist, göttlich und unsterblich ist. Und er zeigte uns, daß wir durch Loslassen des negativen Ego diese unsere wahre Natur verwirklichen und dadurch "erwachsen" werden.

Erwachsen sind wir, wenn wir die geistige Einstellung der Liebe auch in bedrängenden Situationen durchhalten können. Als Frauen haben wir bei unserem Bemühen um harmonische Beziehungen in besonderer Weise Gelegenheit, uns in dieser Aufgabe zu üben. Wir können uns deshalb als privilegiert ansehen, weil wir näher an dem letztendlichen Ziel all unserer irdischen Bemühungen arbeiten. Als Mann kämpfen wir an der Front der materiellen Lebensgestaltung und überziehen dabei leicht in

Rechthaberei und gewaltsamer Durchsetzung. Dabei bilden wir geistige Frequenzen, die so lange in unserem Leben schöpferisch bleiben und uns als negative Erfahrungen und Emotionen wiederbegegnen, bis wir sie erkannt und bewußt losgelassen haben.

Diese Reinigungsarbeit ist der Part der weiblichen Seite unserer Seele. Als Frau kämpfen wir deshalb an der Front unserer negativen Gefühle und bemühen uns, Harmonie wieder herzustellen und in die Liebe zurückzukehren. Dabei können wir immer wieder üben, in der Bedrängung durch die alten Raster des negativen Ego standhaft die Einstellung der Liebe durchzuhalten.

Dazu müssen wir aus der Richtig-Falsch-Maschine unseres gewohnten Denkens aussteigen und uns in die kaum vorstellbare Seinsweise jenseits der Dualität hinüberretten. Die Entscheidung dafür schaffen wir gerade noch aus eigener Willenskraft. Bei ihrer praktischen Durchführung aber brauchen wir die Hilfe vom "jenseitigen rettenden Ufer". Deshalb müssen wir unsere Entscheidung, aus dem alten Täter-Opfer-Spiel auszusteigen, immer wieder mit der Bitte um Hilfe verbinden. Mit dieser geistigen Einstellung brechen wir die Macht unserer alten Vorstellung, daß wir uns in einer feindseligen Welt allein durchschlagen müssen. Wir lassen diese Haltung des negativen Ego willentlich los und erlauben dabei der göttlichen Schöpfungsmacht, für uns tätig zu werden. Ohne unsere ausdrückliche freiwillige Zustimmung kann sie nämlich nicht in diese persönliche Beziehung zu uns treten. Denn unser freier Wille wird unter allen Umständen respektiert, selbst wenn wir dabei jede Menge Mist bauen, wie unsere weltweiten Probleme überdeutlich zeigen. Deshalb ist es eine wahrhaft intelligente Entscheidung, sich bewußt in allem von der Kraft helfen zu lassen, die alles weiß und alles kann. Wir öffnen diesen

Kanal durch die Liebe, durch den bewußten Verzicht auf unser negatives Ego.

Christus hat diese Einstellung sogar im Angesicht des physischen Todes durchgehalten. Wir können dasselbe täglich in weniger gefährlichen Situationen üben, z.B. wenn wir über unsere wiederkehrenden Konflikte streiten. Dabei überfallen uns aber bei der Entscheidung, jetzt tatsächlich das Rechthaben hinzugeben und damit das negative Ego sterben zu lassen, ebensolche Ängste, als ginge es um Leben und Tod. Jedoch stirbt mit dem negativen Ego nur ein geistiges Phantom, etwas, das nicht existiert, nämlich der Irrtum, daß wir in einer feindseligen Welt allein sind und uns allein durchschlagen müssen.

Aus diesem Gefühl der Einsamkeit hoffen wir, durch die Liebe zu unserem Lebenspartner zu entkommen. Tatsächlich gibt uns die Liebe das Gefühl, angenommen und eins zu sein. Durch unsere angeborene Sehnsucht nach Liebe und Harmonie ist unbewußt die Tatsache in uns verankert, daß wir in der allumfassenden Liebe unseres Schöpfers immer angenommen und eins mit ihm sind. Um uns das wieder klar ins Bewußtsein zu heben, haben wir als Übungsfeld unsere Liebesbeziehungen, wobei die zwischen Mann und Frau besonders nachhaltige Lernprozesse ermöglicht.

Aber das Ego vermasselt alles. Seine Angst, für sich selbst sorgen zu müssen oder unterzugehen, macht auch das Bemühen um Einssein in der Liebe zu einem Kampf. "Ich liebe dich ! Aber nur, wenn du meine Vorstellungen erfüllst. Sonst will ich nicht mit dir zusammen sein." Deshalb versuchen wir, in einem endlosen zermürbenden Kleinkrieg, den Partner mit unseren Vorstellungen in Übereinstimmung zu bringen und tun ihm damit meist Gewalt an.

Wie immer setzen wir auch mit dieser negativen geistigen Energie die schöpferische Macht in Gang, die durch den unpersönliche Aspekt von Gott in dem Gesetz von Ursache und Wirkung (Logos) zum Ausdruck kommt: Wir empfangen immer wieder das, was wir ausgesendet haben. Unsere negativen Einstellungen dem Partner gegenüber werden schöpferisch. Der Täter-Opfer-Kreislauf schließt sich wieder. Aus diesem Leidenskreislauf können wir uns nur selbst erlösen, und zwar deshalb, weil es wieder nur durch die Macht unseres Geistes möglich ist. Nämlich indem wir uns freiwillig entscheiden, unseren Irrtum aufzugeben und unser negatives Ego "sterben" zu lassen.

Aus der "Todesangst", die dabei entsteht, können wir uns durch unser höheres Selbst erlösen lassen. Es ist der Teil Gottes in uns, der aus grenzenloser Liebe eine persönliche Verbindung zu jedem einzelnen von uns aufrecht erhält. Den Kanal zu diesem persönlichen Aspekt Gottes können wir aber erst durch unsere Bitte öffnen, weil unser freier Wille auch für Gott unantastbar ist. Der Wunsch, uns von den geistigen Frequenzen unseres negativen Ego befreien zu lassen, kommt mit der Einsicht in die ewige Dimension unseres Seelenlebens. Wir erkennen unsere Verantwortung, die wir durch die schöpferische Macht unseres Denkens haben und verwirklichen unsere Möglichkeit, diese Macht mit göttlicher Vollkommenheit zu gebrauchen, indem wir die eingebildete Macht des negativen Ego mit seinen Rechthabereien hingeben. "Nicht mein Wille, sondern dein Wille geschehe."

Damit ist jedoch nicht gemeint, daß wir wunschlos sein sollen. Im Gegenteil ! Wir sind die Kinder eines unvorstellbar reichen Vaters, dem nichts mehr am Herzen liegt, als uns an all seinem Vermögen teilhaben zu lassen. Alles, was er erschafft, geht aus seinem Geist hervor. Auch seinen Kindern hat er einen schöpferischen Geist gegeben und einen freien Willen, den vollkommenen Gebrauch dieses göttlichen Instrumentes zu erlernen. Deshalb ist unser Bewußtsein das "Ventil", mit dem wir den Überfluß des Universums in unser Leben hineinleiten können. In dem Maße, wie wir unsere göttliche Natur verstehen und verwirklicht haben, öffnen oder drosseln wir das Ventil, so daß weniger oder mehr an Wohlergehen in unser Leben fließen kann. (Abb. 6, S. 62) Die Frequenzen unseres negativen Ego sind es, die den Zustrom behindern. Indem wir aus der weiblichen Kraft unserer Seele verzeihen, räumen wir diese Blockaden immer wieder beiseite und öffnen durch annehmende Liebe den Zugang zur Quelle alles Guten in uns.

Das fließt aber nicht von allein in unser Leben. So wie schon das Baby sich anstrengen und saugen muß, um Milch zu bekommen, so müssen auch wir durch die Aktivität unseres Geistes all das in unser Leben "saugen", was wir uns wünschen. Bisher gehen wir noch recht stümperhaft mit unserem Geist um. Wir benutzen zu einseitig den "männlichen Flügel" und drosseln mit dem negativen Ego das Ventil, durch das uns jederzeit die Allliebe, die Allmacht und die Allwissenheit unseres Vaters zur Verfügung stehen könnte. Durch unsere Unbewußtheit haben wir nur Zufallstreffer. Wir müssen noch lernen, das "Ventil" bewußt zu betätigen, damit sich nur Gutes in einem breiten Strom in unser Leben ergießt. Das ist unsere Aufgabe im neuen Jahrtausend.

Es kann schon jetzt beginnen, wenn wir mit unserem Geist intelligent umgehen. Wie gehen wir vor ? Am Anfang steht wie immer eine Idee. Das heißt, wir suchen uns ein Ziel, für das wir uns begeistern können. Es bleibt ganz unserem Geschmack und unseren Neigungen überlassen, was das sein könnte. Vielleicht wollen wir ein Haus bauen, einen bestimmten Beruf erlernen, eine glückliche Ehe führen, einen Parkplatz finden, gesund werden, einen Termin bekommen... Ganz egal, wie groß oder klein unser Ziel ist, wir nutzen immer ganz bewußt die Natur unseres Geistes. Dazu stellen wir uns in lebhaften Bildern vor, wie es sein wird und wie es sich anfühlen wird, wenn wir unser Ziel erreicht haben. Wichtig ist, auch unsere Gefühle mit einzusetzen und unsere Vorstellungen von dem, was wir wirklich wollen, möglichst genau zu klären.

Jetzt entscheiden wir uns **dafür**, um Hilfe zu bitten und übergeben, erfüllt von Liebe und Vertrauen, unsere Vorstellungsbilder an unser höheres Selbst. Je genauer die Bilder sind, umso mehr haben wir uns selbst auf unser Ziel geistig eingestimmt und uns empfangsbereit gemacht, umso zielsicherer können sich jetzt auch die göttlichen Kräfte einschalten. Voll Dankbarkeit sind wir gewiß, daß uns optimale Lösungen zum optimalen Zeitpunkt zugespielt werden.

Diese erwartungssichere Einstellung macht uns empfänglich für Ideen, wenn wir nun in die Praxis gehen und unser Bestes tun, um unser Ziel zu verwirklichen. Konzentration ist die geistige Kraft, durch die wir Ideen, alle relevanten Faktoren und Informationen "ansaugen". Bereitwillig und in grenzenloser Liebe läßt uns die göttliche Allwissenheit alles Nötige zufließen. Was wir davon geistig erfassen und verwenden können, ist eine Frage unseres Bewußtseins.


Da sind wir wieder an dem entscheidenden Punkt, wo sich die Katze in den Schwanz beißt: Der "verunreinigte" Zustand unseres Bewußtseins. Leider begrenzen wir durch all unsere negativen Gefühle unser geistiges Fassungsvermögen für alles Gute.

Denn wir überlassen die schöpferische Kraft unseres Geistes solchen Glaubenssätzen wie: "Das kann ich nicht", "Das interessiert mich nicht", " Das verdiene ich nicht, weil ich nicht gut genug bin", "Ich habe immer Pech", "Niemand mag mich", "Ich bin durch mein Elternhaus benachteiligt", "Die herrschende Gesellschaft gibt mir keine Chance", "Nur die anderen haben immer Glück, mich trifft es nie". In solchen Sätzen fassen wir die Bewertungen unserer Erfahrungen zusammen. Sie lenken unsere Wahrnehmungen, reproduzieren sich dadurch selbst, werden schöpferisch und bestätigen unsere Glaubenssätze erneut.

Jetzt kommt jemand wie ich und behauptet, daß wir diesem Spuk ein Ende machen können. Was tut das negative Ego ? Es will recht behalten ! Wer wagt es, seine durch Erfahrungen untermauerten Überzeugungen anzugreifen ? "Die sollen ein Trugschluß sein ? Nicht die anderen, sondern ich selbst soll "schuld" sein an meinem Desaster ? Das ist eine Frechheit ! Das ist ungeheuerlich ! Soll ich mit meinen Erfahrungen etwa der Lüge bezichtigt werden ? Das ist alles Quatsch. Ich will nichts davon hören !"
Wie wir wissen, schlägt die Notwendigkeit des positiven Ego zu **be**urteilen, beim negativen Ego in die Sucht um zu **ver**urteilen. Diese Eigenschaft richtet sich am erbarmungslosesten gegen sich selbst, weil wir immer empfangen, was wir aussenden. Die schöpferische Macht unseres Denkens sorgt dafür. Sein latent schlechte Gewissen, von dem sich das negative Ego deshalb ständig bedroht fühlt, muß unter allen Umständen "unter dem Teppich" gehalten werden. Aus Angst installiert es deshalb oft eine totale Sperre, um blind zu sein für sein eigenes Desaster. Auch wenn sein Leben aus diesem Grunde überzogen wird mit einem nicht endenden Leid, bleibt das negative Ego bei seiner

einmal gefaßten Überzeugung. Selbst wenn es irgendwann seine Sturheit lockert und sich mehr Mut erlaubt, wehrt es sich immer noch unendlich trickreich, sich seinen eigenen geistigen Anteil an seinem Schicksal anzusehen, weil es seine Fehler in alter Verurteilermanier nur als "Schande", "Schuld" oder "Sünde" empfinden kann. Daraus ist die "Erbsünde" als besonders verheerendes Konzept hervorgegangen. Auf diese Weise ist der Geist des negativen Ego schöpferisch und sorgt seit Jahrtausenden dafür, daß sich die Schrecknisse und Leiden der Menschheit in milliardenfachen Variationen reproduzieren und verhindert, daß der jeweils persönliche Kanal zum eigenen göttlichen Selbst geöffnet und dem unheilvollen Spuk ein Ende gemacht werden kann.

Das erste, was wir deshalb immer wieder tun müssen, ist, uns selbst zu verzeihen, uns anzunehmen, so wie wir sind, und uns zu lieben. Das können wir leicht, wenn wir verstehen, wie wir das Phantom unseres negativen Ego selbst geschaffen haben. Als Durchgangsstadium zu unserem wahren geistigen Potential ist es bedeutungslos wie die Schulhefte, in denen wir unsere Schreibübungen absolviert haben. Genauso wird das von unserem Schöpfer gesehen. Er kennt das Konzept "Schuld" nicht. Also können auch wir es weglegen. Damit nehmen wir dem negativen Ego seine ganze eingebildete Macht.
Das gibt uns den Mut, seine Wurzeln, die noch in tausendfachen Verästelungen in unserem Geist und dadurch auch in unserem Leben wirksam sind, aufzuspüren und zu entfernen. Für diese Reinigungsarbeit ist unser weiblicher Seelenflügel zuständig. In den Konflikten mit unserem Partner treten die Spuren unseres negativen Ego besonders schmerzlich zutage. Indem wir mit Hilfe unseres höheren Selbst dem Partner immer wieder verzeihen, vergeben wir uns selbst, daß wir uns durch unsere negativen

Gefühle selbst aus dem segnenden Zustrom der Liebe ausge-
sperrt haben. Wenn wir das wieder und wieder tun, reißen wir
Wurzel für Wurzel uralte negative Erfahrungsraster unserer
Seele aus und graben Stück für Stück den Kanal zu unserem höheren Selbst frei, damit wir den göttlichen Geist mehr und mehr,
unverfälscht durch die einengenden Interpretationen unseres
Ego, empfangen und zu unserem Glück verwenden können.
(Abb. 9)
Vielleicht blockieren wir uns die Zusammenarbeit mit der Schöpferkraft Gottes aber auch dadurch, daß wir mit dem Begriff "Gott"
unsere Schwierigkeiten haben. Auch darin drücken sich alte Erfahrungen aus. Wir haben uns schon damit beschäftigt, wie das
negative Ego im Laufe unserer Geistesgeschichte aus Unbewußtheit seine eigenen negativen Eigenschaften auf Gott projiziert und sie ihm angedichtet hat. Genauso funktioniert ja die
schöpferische Macht unseres Geistes. Also haben wir im Zusammenhang mit Gott mit Begriffen operiert wie Zorn, Schuld,
Strafe, Erbsünde, Verdammnis, Hölle und haben den "Unwillen"
Gottes zu besänftigen versucht durch Beichte, Buße, Opfer,
Sühne, Askese, Leiden. Zu Recht wollen wir heute mit dieser
Gottes-Interpretation nichts mehr zu tun haben.
Wenn wir uns dabei aber auch von Gott abwenden, schütten wir
das Kind mit dem Bade aus. Diese Reaktion wird begünstigt
auch durch die Favorisierung unserer männlichen Ego-Macher-
Mentalität, deren Natur es ist, sich eher auf die diesseitige mate-
rielle Lebensbewältigung zu konzentrieren und dabei in analyti-
scher Verbiesterung leicht den Sinn fürs Ganze zu verlieren. (Die
großen Probleme unserer Zeit sind eine Folge dieser einseitigen
Lebensauffassung.) Deshalb sieht die Schöpfungsordnung als
Korrelativ ja auch die weibliche Kraft der Harmonisierung vor, die

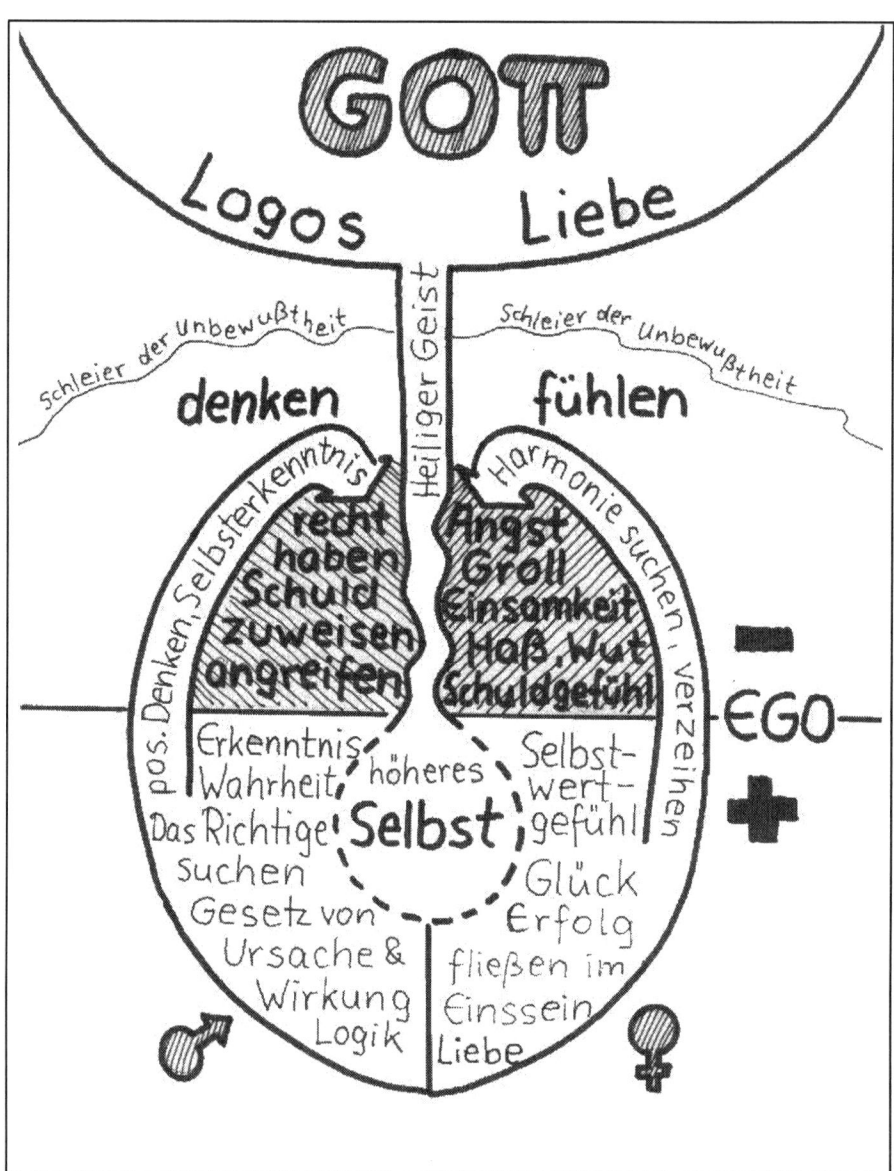

**Abb. 9** Das positive Ego löst die Blockaden des negativen Ego auf und öffnet so den Kanal zu seiner göttlichen Quelle.

immer wieder ins Einssein zurückführt und dadurch den Kurs auf unser ewiges Lebens-Lern-Ziel hält.

## Die Kommunikation mit unserem höheren Selbst

Die Quelle dieser weiblichen Kraft ist die intensive Kommunikation mit Gott. Er unterhält als höheres Selbst zu jedem Menschen eine persönliche Verbindung, die aber erst durch Bitten von unserer Seite her geöffnet werden kann. Nun haben wir aber oft durch unser negatives Ego die besagten Hemmungen, uns voll Vertrauen und liebevoller Gewißheit an diese unvorstellbare, allliebende, allmächtige und allwissende Instanz zu wenden, die wir Gott nennen. Um uns diesen Schritt zu erleichtern und eine innige und vertrauensvolle Kommunikation aufzubauen, können wir unserem höheren Selbst einen persönlichen Namen gebe, einen männlichen oder weiblichen Vornamen, der in unserem Bekanntenkreis sonst nicht vorkommt. Mit diesem Namen sprechen wir eine(n) Freund(in) an, wie es sonst keine(n) auf der Welt gibt: Er(sie) wohnt in unserem Innern und ist Tag und Nacht zu erreichen. In unvorstellbarer Liebe, Geduld, Großzügigkeit und Weisheit wartet er (sie) darauf, in jede unserer kleinen und großen Sorgen eingeweiht und um Hilfe gebeten zu werden. Er (sie) kennt uns sowieso besser, als wir uns selbst kennen. Erfüllt von Liebe wartet er (sie) mit vollen Händen darauf, uns in unseren Vorhaben zu unterstützen und das Optimale für uns und alle Beteiligten zu arrangieren. Dabei möchte er (sie) nicht nur unser geistiges Wachstum fördern, sondern er (sie) möchte uns auch mit materiellen Gütern überschütten und uns in einer Haltung der Freude, des Glücks und des Selbstbewußtseins unterstützen.

Aber **unser höheres Selbst kann nur das FÜR uns tun, was es DURCH uns tun kann**. Die Art unseres Bewußtseins ist das Ventil, durch das wir genau die Dinge in unser Leben "einsaugen", die sich in unseren Einstellungen und Erwartungen befinden. Deren "Qualität" wird uns in all unseren Lebensumständen plastisch vor Augen geführt. Alles, was uns daran nicht gefällt und was wir gern verändern wollen, erfordert deshalb eine Veränderung unserer Einstellungen und Erwartungen. Das ist das Ventil, an dem wir drehen müssen. Aber wie ? Hier ist der Ansatzpunkt für emotionale Intelligenz.

**Im ersten Schritt** geht es darum, uns selbst zu beobachten. Das meiste in unserem Bewußtsein ist uns unbewußt. Aber durch unsere Gefühle werden unsere verborgenen Einstellungen und Erfahrungsrückstände zutage gefördert. Deshalb ist es wichtig, daß wir uns für die Beobachtung unserer Gefühle Zeit nehmen, besonders auch für unsere negativen Gefühle, denn gerade durch diese kommen wir unseren geistigen Blockaden auf die Spur. Im Tagesgeschehen haben wir dazu oft nicht genug Zeit. Aber abends können wir uns täglich eine feste Zeit einplanen, in der wir uns zurückziehen und den Tagesablauf noch einmal an unserem inneren Auge vorbeiziehen lassen. Dabei betrachten wir mit besonderer Aufmerksamkeit **unsere negativen Gefühle: Durch welche Anlässe sind sie entstanden? Durch welche Gedanken und Einstellungen sind sie verursacht worden ?**
Hier begegnen wir all den Gedanken, die unser negatives Ego erfunden hat: Dem Konzept der Angst und der Schuld, dem mangelnden Selbstwertgefühl, der Opfermentalität, den Projektionen unserer eigenen Probleme nach außen auf andere, der mangelnden Integrität. Wir beschließen, nicht länger in diesen Gedanken zu kreisen, sondern sie aufzugeben und loszulassen.

Die folgenden Sätze sollen Anhaltspunkte sein, wie wir unser Bewußtsein nach ungeeigneten Einstellungen durchforsten können:

Ich entsage allen Erwartungen und Vorstellungen, die mich unglücklich machen.

Ich höre auf, mich für meine Fehler schuldig zu fühlen.

Ich höre auf, andere für meine Probleme und Fehler verantwortlich zu machen.

Ich höre auf, anderen ein Schuldgefühl zu geben, wenn sie nicht meine Bedürfnisse befriedigen

Ich entsage der Neigung, meine Fehler zu verheimlichen.

Ich höre auf, mich für zu alt zu halten, um noch zu lernen und mich zu verändern.


Ich entsage meiner Angst, daß ich allein gelassen sei.

Ich entsage der Furcht, daß ich mich nicht auf mich selbst verlassen könne.

Ich höre auf, Angst vor Veränderungen zu haben.

Ich höre auf zu denken, daß ich meine Lage nicht verbessern könne.

Ich höre auf zu denken, ich sei unwichtig und unerwünscht.

Ich höre auf zu denken, ich sei ein Versager.

Ich entsage meiner Neigung, zu schnell aufzugeben.

Ich höre auf, mich mit anderen zu vergleichen.

Ich gebe den Gedanken auf, daß ich keine Kontrolle über meine Gefühle hätte.

Ich entsage allen Gefühlen von Hoffnungslosigkeit.

Ich gebe das Gefühl von Unsicherheit und Gehemmtheit auf.

Ich entsage dem Gedanken, daß ich nichts richtig machen würde.

Ich entsage meiner Neigung, mich ständig selbst bestrafen zu wollen.

Ich gebe meine Neigung auf, Fehler meiner Vergangenheit wieder aufleben zu lassen.

Ich entsage der Neigung, meine Integrität zu verletzen, um die Anerkennung der anderen zu gewinnen.

Ich höre auf, mich an andere anzulehnen, um Sicherheit zu erlangen.

Ich höre auf zu glauben, daß ich das Opfer vergangener Traumata sei.

Ich entsage dem Glauben, daß mein Leid ein Beweis meines Mitgefühls und meiner Einfühlsamkeit sei.

Ich entsage dem Wunsch, anderen helfen zu müssen, um mich wichtig zu fühlen.

Ich höre auf, andere dazu bewegen zu wollen, daß sie mich lieben.

Ich entsage dem Gedanken, daß ich für meine Hilfe einen Gegendienst nach meinen Vorstellungen bekommen müsse.

Ich höre auf, andere immer an das zu erinnern, was ich für sie getan habe.

Ich gebe den Gedanken auf, mein Partner und ich würden uns gegenseitig unglücklich machen.

Ich höre auf, meinen Partner einzuengen.

Ich entsage allen Gefühlen von Rache, Vergeltung und Gewalt.

Ich gebe alle unüberlegten und zerstörerischen Impulse auf.

Ich höre auf, nachtragend oder schadenfroh zu sein.

Ich entsage Haß, Ärger und Ungeduld.

Ich höre auf, aggressiv zu reagieren, wenn ich nicht bekomme, was ich möchte.

Ich gebe den Wunsch auf, meinen Partner besitzen zu wollen.

Ich entsage Nervosität, Wut und Angst.

Ich gebe die Gewohnheit auf, meine schlechte Laune an anderen auszulassen.

Ich höre auf, neidisch zu sein, wenn es anderen gut geht.

Ich gebe alle Verbitterung und Enttäuschung auf.

Ich gebe meinen Weltschmerz auf.

Ich gebe den Gedanken auf, daß man ohne ein Ziel zu haben, glücklich werden könne.

Diese Aufzählung ist eine Anregung, unseren negativen Gedanken auf die Spur zu kommen. Erst wenn wir sie wahrgenommen haben, können wir uns dafür entscheiden, sie aufzugeben. Schon in diesem Schritt können wir unser höheres Selbst bitten, uns die Augen zu öffnen für die persönlichen Formen unserer Unbewußtheit, daß es uns gelingt, auch unsere verdrängten Gedankenraster zu entdecken, daß wir den Mut finden, sie anzusehen und die Entschlossenheit, sie loszuwerden. Bei allem und jedem können wir unser höheres Selbst um Hilfe bitten, also auch gerade bei diesem, durch viele persönliche Hemmnisse blockierten Unternehmen, die uralt gewohnten und tief unbewußten Gedanken unseres negativen Ego ins Licht der Bewußtheit zu heben.

So sehen wir uns täglich unsere aufkommenden negativen Gefühle an und nutzen die genannten Gesichtspunkte, um die Gedanken zu finden, die die Ursache unserer negativen Gefühle sind. Dabei können wir entdecken, wie sie der Schatten unseres positiven Bestrebens sind, ins Licht, ins Glück, in die Liebe zu kommen. Nur haben wir dieses Ziel bisher in Verkennung unserer Wirklichkeit mit kontraproduktiven Gedanken umzusetzen versucht und haben deshalb das Gegenteil erschaffen. Nachdem wir nun aber Einsicht in die schöpferische Macht unseres Denkens gewonnen haben und wissen, daß wir unsere Gedanken frei **wählen** können, **entscheiden** wir uns, jeden negativen Gedanken ins Positive umzuwenden.

**Der zweite Schritt** beginnt deshalb immer mit der Entscheidung **für** etwas. Wir werden sehen, daß es unsere ganze Aufmerksamkeit und Konzentration und außerdem unverdrossene Übung braucht, um unsere Gedanken stets positiv zu formulieren, damit wir positive Ergebnisse initiieren. Denn wenn wir mit unserem höheren Selbst kommunizieren und seine Hilfe erbitten wollen, ist es absolut wichtig, unsere Ziele positiv zu visualisieren und zu formulieren. Wenn wir nämlich beispielsweise bitten "Beschütze mich vor einem Unfall", dann haben wir uns **gegen** einen Unfall entschieden. Das Bild "Unfall" ist also in unserer Vorstellung, und genau das ziehen wir dadurch an.

Deshalb beginnen wir unsere Entscheidung für etwas, indem wir uns in unserer Vorstellung positive Bilder von dem ausmalen, was wir gerne erreichen möchten. Je lebhafter und detaillierter unsere **Vorstellungsbilder** (Visionen) sind und je mehr wir uns dafür begeistern können, umso intensiver wirken sie. Kopf, Herz und Sinne sollen beteiligt sein, damit wir uns in lebendigen Bildern vorstellen können, wie es sein wird, wenn wir unser wunderbares Ziel erreicht haben. In unserem Beispiel sehen wir uns mit dem Auto über die Straßen und Autobahnen dahinfahren, stets entspannt die freie Fahrt genießend, und kommen wohlbehalten mit Auto und allen Insassen glücklich, pünktlich und körperlich frisch an unserem Zielort an. Bei unserer Bitte achten wir darauf, daß genau dieses positive Bild auch in unseren Worten zum Ausdruck kommt.

Wenn wir das üben, werden wir sehen, wie wir immer wieder von unseren Negativbildern eingeholt werden und Formulierungen mit "nicht" und "kein" spontan auf unsere Lippen kommen: "Laß mich nicht krank werden", "Laß mich keinen Schaden erleiden." Unsere Gedanken drehen sich ständig um unsere Sorgen. Wir haben die Bilder all dessen vor Augen, was passieren könnte und was uns Angst macht. Diese Denkrichtung wird auch durch die Medien unterstützt, beziehungsweise sind die Medien ein Abbild unserer Denkrichtung. Hier werden wir ausführlich über alle Katastrophen informiert, die täglich auf der Welt passieren. Positive Ereignisse spielen demgegenüber eine untergeordnete Rolle und werden oft nur am Rande erwähnt. Auch in der Kunst halten wir die "zeitkritischen" Werke für besonders bedeutend, weil sie Negativzustände anprangern. Wir glauben, dadurch Anstöße zu positiver Veränderung zu bekommen. Das Gegenteil geschieht: Die Negativbilder festigen unseren Glauben an das Negative und verwirklichen sich durch die schöpferische Macht unseres Glaubens.

Aus diesem Grunde haben wir auch Mühe, positiv über uns selbst zu denken. Hier wirkt der jahrhundertelange Glaube nach, daß der Mensch sündig und von Natur aus schlecht sei. Wir dürfen jedoch niemandem einen Vorwurf machen oder uns mit dem Hinweis auf die Herrschaft eines bestimmten Zeitgeistes aus der Verantwortung ziehen. Unsere Individualität ist durch die Autonomie unseres Bewußtseins gekennzeichnet. Jeder Mensch wählt selbst, was er glauben und für wahr halten will. Allerdings tun wir das sehr oft nicht bewußt, weshalb wir unsere Glaubenssätze dann eigentlich nicht wirklich **wählen**. Das hat jedoch niemand anderes als wir selbst zu verantworten. So können auch nur wir selbst unser Bewußtsein aufräumen und daran arbeiten, alle negativen Glaubenssätze zu löschen.

Das machen wir **im dritten Schritt**. Der Schatten läßt sich nur durch mehr Licht vertreiben. Mehr Licht sind mehr positive Gedanken über uns selbst und die Welt. Deshalb richten wir unsere ganze Aufmerksamkeit darauf, **unseren Glauben an alles Positive zu stärken**. Damit beginnen wir, die Realität so zu sehen, wie Gott sie geschaffen hat. Nur das Positive ist wahr. Wenn wir das in unserem Geiste nachschaffen, holen wir es in unsere Realität, weil der Geist der Ursprung alles Erschaffenen ist. Genauso sind alle negativen Dinge Schöpfungen unseres negativen Ego, die uns nur deshalb so überaus real erscheinen, weil wir sie täglich erleben und so sehr unter ihnen leiden. Nachdem wir jedoch unseren persönlichen Circulus vitiosus durchschaut haben, wollen wir immer wieder positive Glaubenssätze bewußt wählen und in unseren Gedanken bewegen, um in unsere Lebenswirklichkeit endlich das hereinzuziehen, was wir uns wünschen.

Mit **Affirmationen** bejahen und bekräftigen wir die Gedanken, die unser Leben in eine positive Richtung bringen sollen. Wir schließen uns damit an den Geist unseres höheren Selbst an und "saugen" mit umso größerer Kraft sein schöpferisches Potential in unser Leben hinein, je intensiver unser Denken (Affirmationen) mit unserem Fühlen (von Herzen glauben) verbunden ist. Hier als Anregung einige Beispiele für positive Glaubenssätze:

*Ich bin ein geliebtes Kind Gottes.*
*Gott gibt mir Geborgenheit und Kraft.*
*Ich bin voller Freude.*
*Ich bin glücklich.*
*Ich bin voller Liebe.*
*Ich bin optimistisch.*
*Ich bin dankbar.*

Ich verzeihe mir.

Ich verzeihe anderen.

Ich verzeihe immer.

Ich bin liebenswert und liebevoll.

Ich liebe mich selbst.

Ich lobe mich selbst.

Ich bin zuversichtlich.

Ich bin intelligent.

Ich lerne gern.

Ich behalte alles, was ich lerne. Mein Gedächtnis ist gut.

Ich bin wertvoll und werde immer besser.

Ich bin es wert, all das Gute zu empfangen, das Gott für mich bereithält.

Es geht mir jeden Tag in jeder Weise besser und besser.

Ich bin unabhängig und zuverlässig.

Ich erledige meine Arbeit gründlich und gewissenhaft.

Ich bin ausgeglichen.

Ich bin voller Lebensenergie.

Ich bin gesund und schön.

Ich fühle mich jung und begehrenswert.

Ich glaube an mich selbst.

Ich bin geduldig.

Ich bin ausdauernd.

Ich bin stolz auf mich.

Ich vertaue auf mich.

Ich habe ein liebevolles Verhältnis zu allen Mitgliedern meiner Familie.

Ich habe ein liebevolles Verhältnis zu meinen KollegenInnen und MitarbeiternInnen.

Ich nehme jeden Tag begeistert am Wunder des Lebens teil.

In dem Maße, wie wir diese Sätze von Herzen glauben können, werden sie für uns schöpferisch. Sie wirken umso mächtiger, je intensiver wir glauben können, daß diese Sätze wahr sind. Wir stärken unseren Glauben durch Erfahrungen. Deshalb arbeiten wir täglich daran, unsere Visionen zu verwirklichen. So geben wir der schöpferischen Energie unseres höheren Selbst die Möglichkeit, **durch** uns tätig zu werden.

Anfänglich haben wir vielleicht Schwierigkeiten, all die positiven Eigenschaften mit unserem Ich zu verbinden, sitzt uns doch unser negatives Ego mit seinem latent schlechten Gewissen noch allzu dicht auf der Pelle. Dann können wir die Vision von allem Positiven, das wir für uns wünschen, auf unser höheres Selbst projizieren: "Ich bin im Moment schrecklich wütend auf meinen Partner, aber du Angela (Beispiel für einen persönlichen Namen des höheren Selbst) bist wunderbar. Du verstehst und liebst ihn immer. Du findest ihn in Ordnung und nimmst ihn immer so an, wie er ist." Von unserem höheren Selbst können wir voll Überzeugung glauben, daß es so positiv denkt. Indem wir seine Gedanken nachvollziehen, wenden wir unsere eigenen negativen Gedanken ins Positive. Ob wir also "Ich bin voller Liebe" oder "Du bist voller Liebe" sagen, die Wirkung für uns ist dieselbe: Wir können verzeihen und die unsäglichen Lasten unseres negativen Ego, diese Versklavung unseres Geistes durch Verurteilungen und Rechthabereien, abwerfen und frei werden. (Abb. 10) Wir springen vom "Nestrand" ab und beginnen, den "freien Flug" unserer Seele zu genießen.

Wichtig ist, daß wir die Eigenschaften, Gedanken, Wünsche, die wir auf unser höheres Selbst projizieren, immer in der **Gegenwarts-Form** aussprechen: "Du bist liebevoll", "Du hast eine

**Abb. 10** Die niederdrückenden Lasten des negativen Ego brauchen wir nur loszulassen, um frei und unbeschwert zu sein.

optimale Lösung zum optimalen Zeitpunkt für mich", "Du gibst mir die Ideen, die ich brauche", "Du glaubst an mich und hilfst mir jederzeit", "Du heilst meine Verletzung", "Du löst unseren Konflikt", "Du lebst eine glückliche Ehe". Damit drücken wir unsere Überzeugung aus, daß unser höheres Selbst schon alles besitzt, was wir uns wünschen, weil es in unwandelbarer göttlicher Vollkommenheit lebt, die immer vollumfänglich alles ist und alles hat und **jetzt** präsent ist.

Für uns liegt die Verwirklichung unserer Wünsche noch in der Zukunft. Unbewußt formulieren wir deshalb vielleicht: "Du wirst mir dabei helfen". Damit drücken wir unsere Erwartung aus, daß die Hilfe erst in der Zukunft kommt. Und dort bleibt sie dann auch ! Wir sehen, wie ungeheuer genau wir unsere Gedanken beobachten und formulieren müssen, um nicht fahrlässig Ursachen in Gang zu setzen, deren Wirkungen wir gar nicht beabsichtigt hatten.

Aus demselben Grunde ist es nicht gut, einen flehenden Ton anzuschlagen, wenn wir uns mit einer Bitte an unser höheres Selbst wenden. "Bitte hilf mir, gesund zu werden !" Die Haltung des Flehens beinhaltet immer den leisen Zweifel, daß unsere Bitte auch abgewiesen werden könnte. Damit wäre es jedoch unser eigenes Bewußtsein, das die Verwirklichung zurückweist. Deshalb kleiden wir unsere Bitten immer in **Affirmationen**. Darin bestätigen wir voller Überzeugung, daß all das bereits vorhanden ist, was wir uns wünschen: "Angela, du bist vollkommen gesund. Deine göttliche Energie ist als Gesundheit in meinem Körper und macht alles heil."

Eine Haltung der Liebe und **Dankbarkeit** ist selbstverständlich, wenn wir unsere Affirmationen vorbringen. Nur dem negativen

Ego könnte es einfallen, zu befehlen oder gar zu schimpfen. Wie immer, wenn wir Getrenntheit denken, schaffen wir sie auch. Einzig durch die Liebe öffnen wir den Kanal und schaffen die Verbindung, durch die alles Gute in unser Leben fließen kann. Durch eine ständige Haltung der Dankbarkeit bestätigen wir zusätzlich unsere Erwartung, daß nur Gutes in unser Leben kommt, selbst wenn es vorläufig nicht so aussehen sollte. Alle Schwierigkeiten sind Herausforderungen zu lernen, unser volles geistiges Potential zu entfalten. Wenn wir uns herausfordern lassen, können wir gerade durch die Überwindung unserer Schwierigkeiten die kostbarsten Geschenke erhalten: Wir gewinnen an Einsicht, Erfahrung und Überzeugung, daß wir in einem Ozean der Liebe schwimmen, aus dem wir nach unserem geistigen Vermögen alles schöpfen dürfen, was wir uns wünschen.

Immer wieder werden uns liebevoll neue Gelegenheiten angeboten, ein effektiveres Schöpfen zu erlernen. Wenn wir daraus eine Haltung der Dankbarkeit entwickeln, öffnen wir uns selbst die Augen für die unzähligen Wohltaten, die uns täglich angeboten werden und die wir bisher nicht entgegengenommen haben, weil wir uns aus Unbewußtheit nicht für sie öffnen konnten. Der Sonnenschein an einem schönen Sommertag, die zahllosen Blumen in Feld und Garten, der Wind auf unserer Haut, die ständig neuen Inszenierungen am Wolkenhimmel sind Geschenke, an denen wir achtlos vorbeigehen. Unsere abwechslungsreiche Nahrung, die Bequemlichkeiten unserer Wohnung, unsere komfortable Mobilität, die unterhaltsame Mode mit ihrer Lust am Verkleiden, die praktischen technischen Hilfsmittel zur Arbeitserleichterung, die ständige Verfügbarkeit über jede Art von Musik glauben wir unserer eigenen Leistungsfähigkeit zu verdanken, so daß wir sie für selbstverständlich halten.

Vielleicht machen wir uns alles Schöne, alles Luxuriöse, allen Wohlstand aber auch madig, weil wir uns von einem Glauben an Mangel und Endlichkeit beherrschen lassen und in Verzicht und Askese die Lösung sehen. Damit vergraben wir unsere leeren Hände in unseren leeren Taschen und sorgen so selbst dafür, daß sie auch leerer bleiben, weil wir uns weigern, die Fülle zu sehen und anzunehmen, die Gottes grenzenlose Schöpferkompetenz uns zur Selbstbedienung zur Verfügung stellt. Wenn wir nämlich seine Gaben in seinem Geiste, das heißt mit Liebe verwenden, dann setzen wir eine Ökologie in Gang, die lebensfördernd sich immer selbst reproduziert und dabei potenziert, die in einem natürlichen Gleichgewicht bleibt und dabei von allem nach Art der Natur verschwenderische Fülle für alle produziert. Das ist die Ökologie des neuen Jahrtausends. Dankbarkeit für alles und jedes ist die Zwillingsschwester der Liebe und die geistige Haltung, durch die wir unser persönliches Schöpfwerk in der unerschöpflichen Quelle des Lebens installieren.

## Den kostbaren Moment des JETZT zur Veränderung nutzen

Wir installieren unser Schöpfwerk durch die Art, wie wir denken. Unsere Einstellungen, Überzeugungen und Erwartungen sind die Ursache, durch die wir unsere heutigen Erlebnisse und Lebensumstände erschaffen haben. Auf diese Weise reicht unsere Vergangenheit in unsere Gegenwart hinein. Wenn wir uns heute unglücklich fühlen, träumen wir uns entweder in die Vergangenheit zurück, als wir glücklich weil voller noch unenttäuschter Erwartungen waren. Oder wir schauen in die Zukunft und erwarten voller Angst, daß das Unerträgliche sich fortsetzen wird.

Wir wissen jetzt, daß diese Erwartung sich nur dann erfüllt, wenn wir an unserem bisherigen Denken festhalten, was soviel bedeutet, daß es uns vor allem ums Rechtbehalten geht. Dann drehen wir eine weitere Runde in dem bekannten Circulus vitiosus, unsere alten Erfahrungen werden sich wieder einmal bestätigen, und unser eingefahrener Glauben wird durch ein weiteres Beispiel gefestigt. Auf diese Weise geht unsere Vergangenheit nahtlos und von uns völlig unbemerkt in unsere Zukunft über, und wir verpassen jedesmal das JETZT, diesen einzigen kostbaren Moment, wo wir unsere verhängnisvolle Denkgewohnheit loslassen und uns entscheiden können, positive und lebensspendende Gedanken zu wählen.

Um in diesem Moment wirklich wach zu sein und wählen zu können, brauchen wir all die vorangegangenen Einsichten in das Wesen unserer geistigen Natur. Nur wenn wir den Ursache-Wirkungs-Komplex in seiner ganzen Tiefe durchschauen, können wir uns wahrhaft intelligent verhalten. **In diesem Moment der Entscheidung, wenn wir das gewohnte, aber ungeeignete Denkraster bewußt weglegen und ein noch ungewohntes, aber effektiveres Denken bewußt wählen, manifestiert sich emotionale Intelligenz.** Und dieses kostbare JETZT, das uns ausschließlich JETZT und so nie wieder zur Verfügung steht, müssen wir lernen zu nutzen. Das ist eine Frage von Übung.

Was der Übung bedarf, ist Wachheit, ist Bewußtheit. Wir können auch sagen: **Konzentration**. In unserem eingefahrenen Denken, das wir selbstverständlich als "natürlich" so hinnehmen, wie es ist, zeugen wir unsere Zukunft so fort, wie die Vergangenheit war. Mit der Zeit intensivieren sich dabei die Auswirkungen unserer Denkfehler und werden als unser Leid unübersehbar. Eine psychische Disposition weitet sich zu einer somatischen Krankheit aus. Die anfänglich kleinen Reibereien in einer Partnerschaft wachsen zu existentiellen Konflikten heran, die schließlich zur Scheidung führen können. Das passiert, wenn wir immer wieder beim Übergang von der Vergangenheit in die Zukunft das JETZT verpassen, diesen einzigartigen Moment des Seins, wo Lebendigkeit, Wachheit, Entscheidung, Veränderung und Wachstum allein möglich sind.

Das Kreuz ist ein uraltes Symbol, das an die Wichtigkeit des JETZT erinnert (Abb. 11). Sein Schnittpunkt steht für das JETZT, in dem wir immer ausgespannt sind zwischen Zeit und Ewigkeit. Die waagerechte Achse enthält die unendliche Folge der Momente, die von der Vergangenheit in die Zukunft übergehen. In dieser Zeitachse nimmt das JETZT eine herausragende Stellung ein, weil es der Moment ist, in dem wir die Weichen für unsere Zukunft stellen: Lassen wir unsere Gedanken so, wie sie sind, oder verändern wir sie ? Verteidigen wir so wie immer unsere Überzeugungen und entzweien uns, oder verzeihen wir und bleiben jenseits unserer Richtig-Falsch-Maschine in Harmonie mit dem, was ist. JETZT können wir wählen.
Unsere Entscheidung reicht in die ewige Dimension unseres Lebens hinein, die durch die senkrechte Achse symbolisiert wird: Wenn ich der gewohnten Unbewußtheit des negativen Ego folge, kommen automatisch Angst, Getrenntheit und Leid in mein Leben. Ich kann an diesem Punkt erst dann bewußt wählen, wenn ich dank meiner Intelligenz Einsicht in die Konsequenzen habe und mich bewußt entscheiden kann, aus diesem Teufelskreis auszusteigen, indem ich verzeihe. Damit wähle ich bewußt Liebe, Einssein und Glück und erreiche die Ziele tatsächlich, denen wir sonst in unserem angeborenen Streben immer nur vergeblich hinterherjagen.

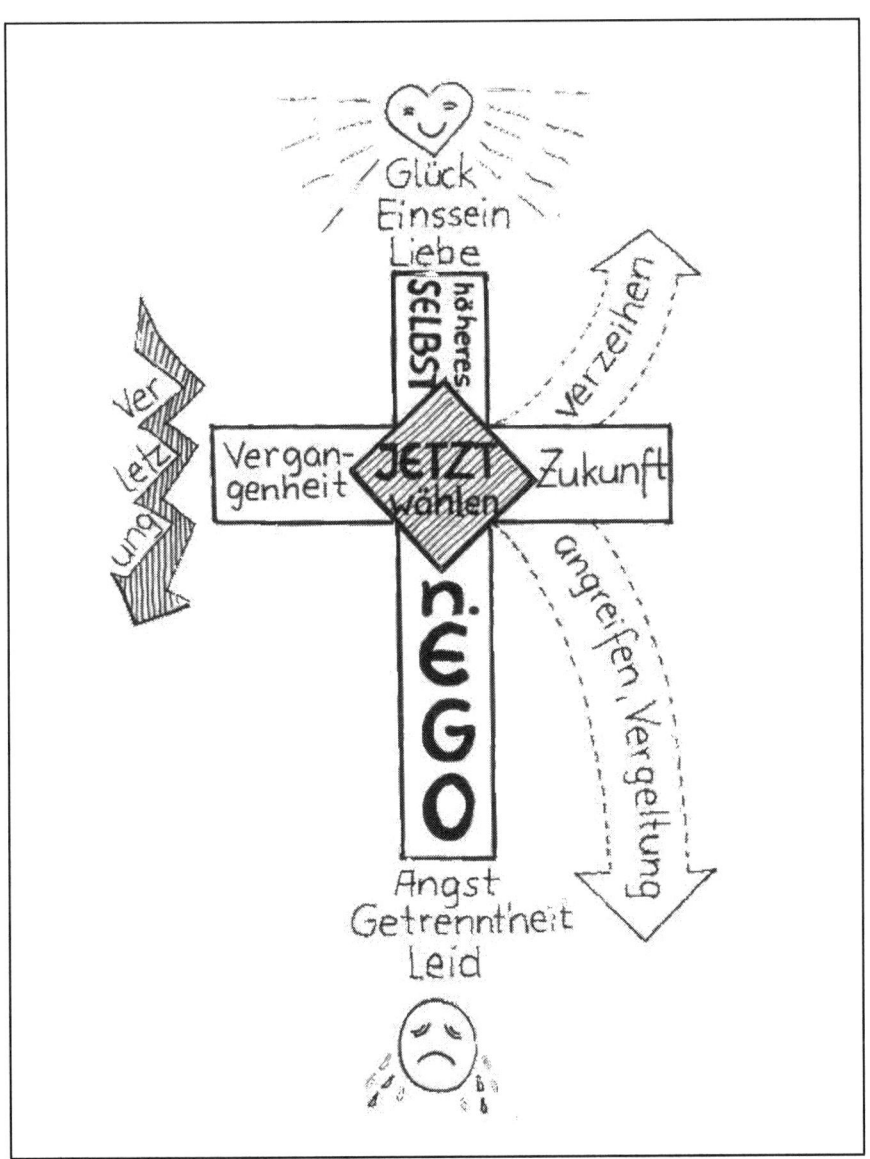

**Abb. 11** Zwischen Zeit und Ewigkeit symbolisiert das Kreuz den kostbaren Moment des JETZT, in dem wir die Weichen für unser zukünftiges Schicksal stellen.

Wie rüsten wir uns für dieses winzige Stück Ewigkeit, das uns immer wieder JETZT zur Verfügung steht, um bewußt schöpferisch zu handeln und dabei Lebendigkeit und Glück zu erfahren ? Wir gewöhnen uns eine Haltung der Selbstbeobachtung an, damit wir bewußt mitkriegen, was wir jeweils JETZT fühlen, denken und erfahren. In diese Selbstbeobachtung finden wir hinein, indem wir uns regelmäßig Zeit nehmen und uns immer wieder bewußt auf diese Aufgabe konzentrieren. Z.B. können wir beobachten, wie sich unser Körper bewegt. Bei unseren normalen täglichen Verrichtungen verlieren wir dabei höchstwahrscheinlich schnell die Konzentration. Deshalb gibt es die Yogaübungen, bei denen wir besondere Körperhaltungen (Asanas) einnehmen. Dabei lenken wir die Konzentration in alle Bereiche des Körpers, so daß sie schließlich dem Bewußtsein zugänglich sind. Dadurch kann Anspannung und Entspannung bewußt in jeden Körperteil getragen werden, der Energiefluß wird harmonisiert und alle Funktionen werden optimiert.

Diese Arbeit mit den Energien der äußeren, grobstofflichen Hülle leitet über zu der Arbeit mit den Energien der inneren feinstofflichen Hüllen unseres Körpers, die sich in den Bewegungen unserer Gefühle und Gedanken äußern. Dort ist der Sitz unserer Seele, des "Organs", mit dem wir die Welt geistig "verdauen". (Abb. 12) Wie Denken und Fühlen dabei zusammenarbeiten, haben wir schon besprochen. Der für unser Thema wichtigste Aspekt ist, **daß wir unsere Gedanken und Bewertungen** (die immer eine Antwort auf die Sinnfrage (Logos) enthalten) **frei wählen können, unsere Gefühle aber nicht**. Denn sie sind eine automatische Folge unserer Wertungen. Als Ergebnis unserer geistigen Welt-Verdauung entsteht als innerste Hülle unser

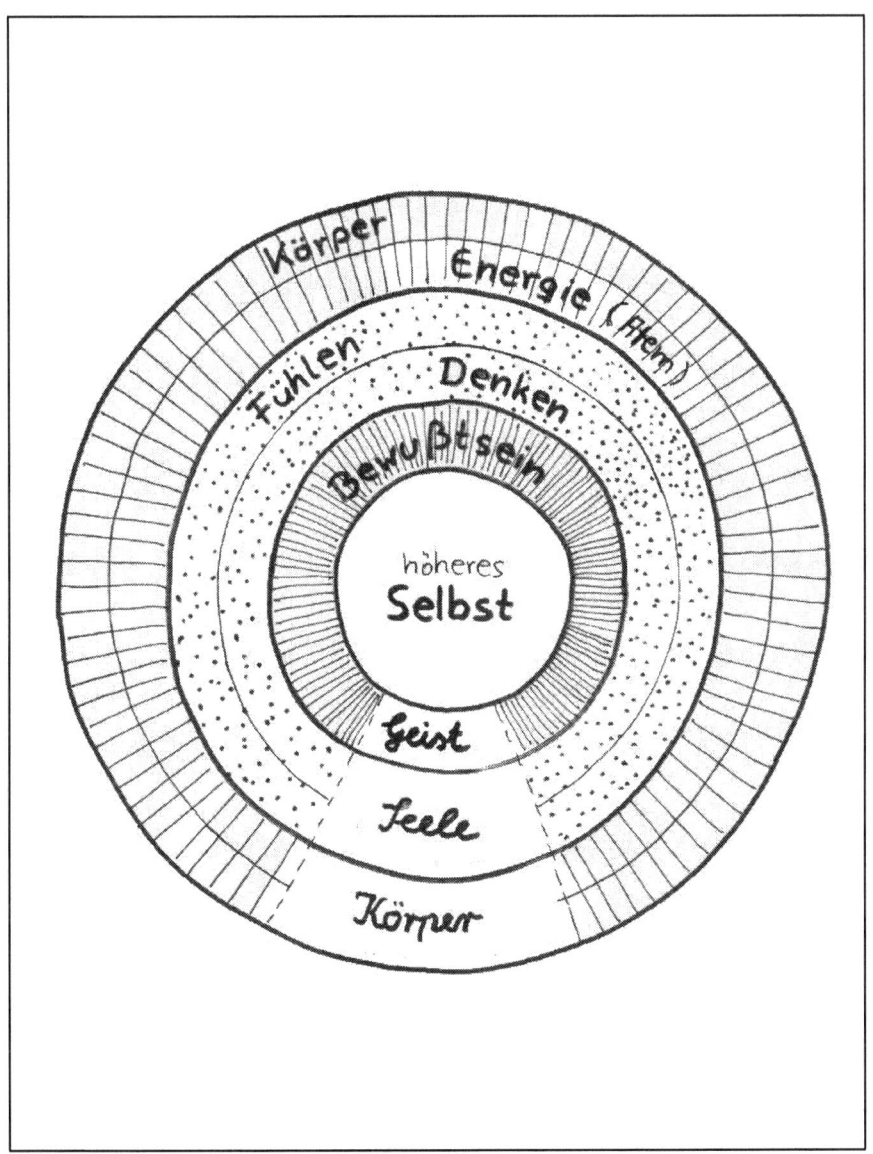

**Abb. 12** Yoga heißt, seine fünf Körperhüllen zu "reinigen", um durchlässig für das Göttliche im Inneren zu werden.

individuelles Bewußtsein, in dem alle unsere Erfahrungen und Wertungen gespeichert sind. Es ist der unsterbliche Teil in uns, und wir nehmen ihn jeweils als Quintessenz unseres ganz persönlichen Weltverständnisses von Leben zu Leben mit. Je genauer es mit Logos & Liebe übereinstimmt, umso mehr Freude und Glück können wir empfinden.

Um diese Übereinstimmung bewußt herbeizuführen, ist bewußter Umgang mit Gefühlen und Gedanken, ist "emotionale Intelligenz" erforderlich. Denn wir brauchen nur die trennenden und entzweienden Gedanken des negativen Ego durch Verzeihen zu löschen, um den Zugang zu unserem höheren Selbst zu öffnen, das als göttlicher Kern im Zentrum unserer verschiedenen Persönlichkeitshüllen liegt. Wenn wir so den Kanal von unserer Seite her geöffnet haben, können wir direkt mit Gott kommunizieren und uns durch seine Allmacht und Allwissenheit in unseren Zielen unterstützen und beschenken lassen. Je mehr unser negatives Ego schwindet, umso unmittelbarer kann unser persönlicher Geist zum Werkzeug des göttlichen Geistes werden. Dadurch entfalten wir unser ganzes geistiges Potential und verwirklichen unsere wahre Natur, denn nun nehmen wir bewußt in Anspruch, was uns als Kindern Gottes schon immer zugestanden hat. (Abb. 13)


Das JETZT ist der einzige Moment, wo wir unser "Erbe" in Anspruch nehmen können. Um diesen kostbaren Augenblick nicht immer wieder zu verpassen, machen wir **geistige Übungen**, bei denen wir uns bewußt auf unsere Gedanken und Gefühle konzentrieren. Dabei setzen wir uns mit gerade aufgerichtetem Rückgrat auf einen Stuhl, ohne den Rücken anzulehnen. Die Hände liegen mit nach oben geöffneten Handflächen auf den Knien.

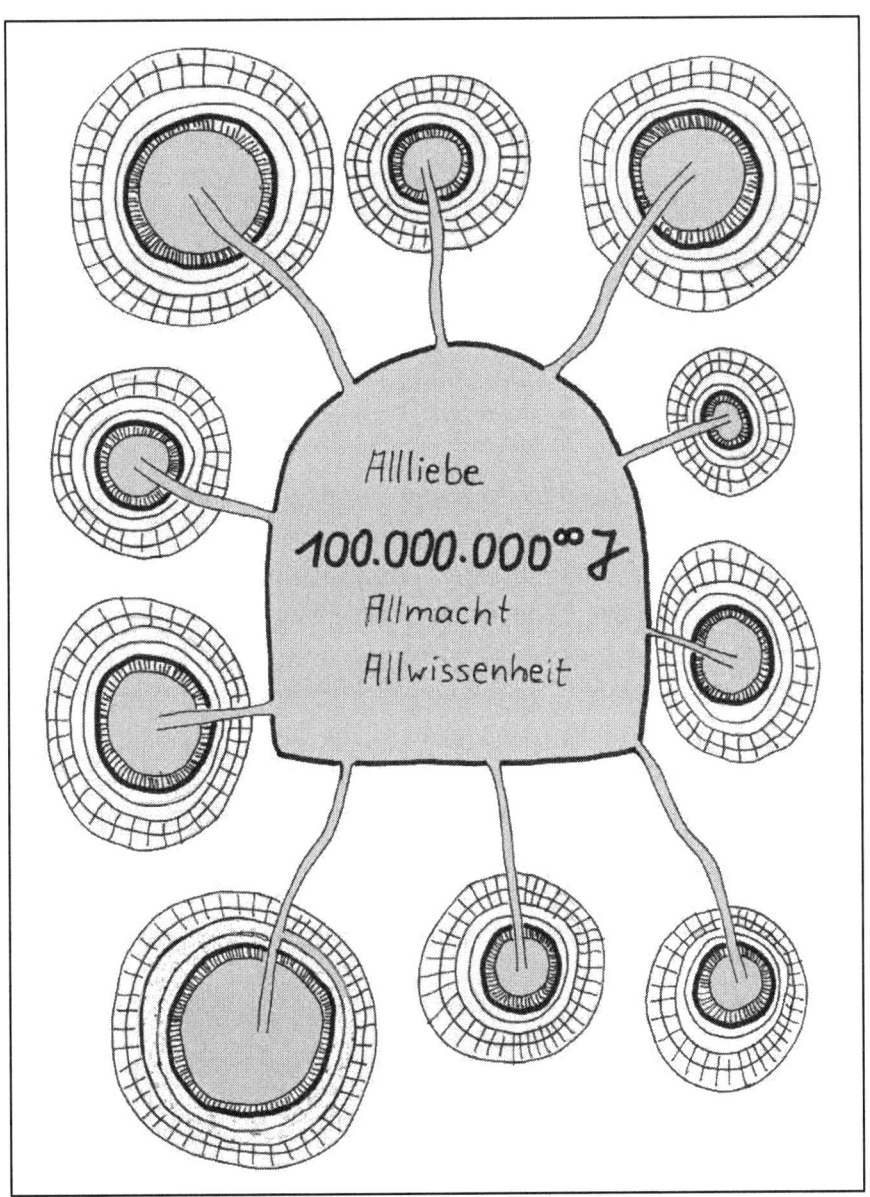

**Abb. 13** Die Reinigung der fünf Körperhüllen öffnet den Zugang zu unserem göttlichen Potential.

Wir schließen die Augen und entspannen uns, indem wir uns auf den Atem konzentrieren. Wir beobachten, wie er die Nase leicht berührt, in die Lunge hineinfließt und sie weitet. Am Höhepunkt dieser Bewegung fühlen wir Energie im ganzen Körper und eine gewisse Spannung. Die lassen wir genußvoll los und geben uns dem Ausatem hin. Das Volumen entspannt sich sanft, und in leichtem Hauch entlassen wir die Luft durch die Nase. Die Beschäftigung mit dem Atem sorgt dafür, daß alle anderen Gedanken keinen Platz mehr haben und von uns abfallen. Ein Gefühl der Ruhe und eines angenehmen, liebevollen Beisichseins breitet sich aus.

Jetzt nehmen wir uns den heutigen Tagesablauf vor und lassen ihn wie einen Film an unserem inneren Auge vorbeiziehen. Dabei bleiben wir in der Haltung eines Beobachters. Wir sehen uns selbst, was wir getan, gedacht und gefühlt haben. Alles schauen wir uns mit einer wohlwollenden Haltung an und hüten uns davor, uns oder andere wegen negativer Vorkommnisse zu verurteilen. Aus Angst davor haben wir vielleicht die Neigung, schnell darüber hinwegzugehen, weil wir gewohnt sind, alles Negative unter den Teppich zu schieben und zu verdrängen. Auch das schauen wir uns an und widmen uns mit besonderer Aufmerksamkeit den Erlebnissen, die negative Gefühle in uns ausgelöst haben.

Nun forschen wir nach den Gedanken und Einstellungen, die die Ursache für unsere negativen Gefühle waren. Wir wissen ja schon, daß jede Art von Gefühl aus einer bestimmten Art der Bewertung hervorgeht (S. 36 ff.): Wut kommt aus der Bewertung, ungerecht behandelt worden zu sein. Haß entsteht, wenn wir die Werte des anderen als unvereinbar mit unseren eigenen ansehen. Bei Angst bewerten wir eine Situation als bedrohlich. Oft besteht die Bedrohung lediglich darin, daß wir uns in unserer bisherigen Denkweise angegriffen fühlen. Trotzdem reagieren wir so, als ginge es um unser Leben. Aber es ist nur unser negatives Ego, das um sein Leben fürchtet. Diese Einsicht läßt uns nach einer anderen Denkweise suchen.

Um unsere Einstellung ins Positive zu wenden, visualisieren wir, wie dieselbe Situation erfreulicher hätte ablaufen können. Keinesfalls mit Selbstvorwürfen, sondern einfach als ein Kino-Spiel im Kopf, um positivere Gedanken und Gefühle einzuüben. Dabei hilft es uns, sich vorzustellen, wie wir mit der Einstellung unseres höheren Selbst in dieser Situation denken, fühlen und handeln würden. "Du bist gelassen, glücklich, liebevoll. Du verzeihst immer". Mit dieser Einstellung spielen wir das heutige Ereignis noch einmal durch, formulieren unsere Äußerungen positiv und machen uns möglichst lebhafte Bilder von der nun völlig veränderten Szene.

Dabei nutzen wir die Tatsache, daß unser Bewußtsein nicht unterscheiden kann zwischen tatsächlichen oder nur imaginierten Erlebnissen. Wenn wir "Kino im Kopf" veranstalten und unsere negativen Erlebnisse positiv verändern und einen glücklichen "Film" daraus machen, dann vernichten wir die Samen, die unsere negativen Erlebnisse anderenfalls in unserem Bewußtsein zurückgelassen hätten. Auf diese Weise "duschen" wir unsere Seele, um uns vom "emotionalen Schmutz" des heutigen Tages zu reinigen. Oft sind es allerdings uralte Verkrustungen, die in unseren negativen Gefühlen zum Vorschein kamen. Wir dürfen deshalb nicht die Geduld verlieren, wenn sie uns Tag für Tag wieder begegnen und wir wieder und wieder "duschen" müssen, um mehr und mehr dieser alten Verunreinigungen wegzuspülen. Wie bei all unseren Problemen lassen wir uns von unserem allgegenwärtigen, geliebten Freund(in), unserem höheren Selbst, helfen und bitten darum, daß die alten Gedankenmuster gelöscht werden, damit wir verzeihen können und die positiven, liebevollen Gedanken sich immer fester in unserem Bewußtsein einnisten. Dabei wenden wir keinen flehenden Ton an, sondern geben durch Affirmationen unserer Überzeugung Ausdruck, daß unsere wahre Natur so positiv ist, wie wir sie JETZT sehen:

*"Alles ist gut, denn in Deiner unvorstellbaren Liebe bin ich immer geborgen".*

*"Mein Selbstwertgefühl ist hoch, denn mit Deiner Hilfe erreiche ich alles, was ich mir wünsche".*

*"Ich genieße die Freiheit, meine Einstellungen jederzeit so wählen zu können, daß ich glücklich werde."*

*"Ich verzeihe immer, mir selbst und den anderen, weil es mich leicht und glücklich macht."*

*"Dein Geist wohnt als Gesundheit und jugendliche Energie in meinem Körper."*

*"Dein göttlicher Geist bringt Ordnung und Wohlstand in meine Geldangelegenheiten."*

*"Du heilst alle meine Konflikte und bringst Frieden und Harmonie in meine Partnerschaft und meine Familie."*

*"Ich beschreibe dir jetzt meine Traumwohnung, und du zeigst mir, wo ich sie finde."*

*"Liebe, Licht und Kraft umgeben mich, wie das Meer die Fische umgibt."*

*"Kraft meines positiven Denkens und meiner Dankbarkeit kann ich unerschöpflichen Reichtum in alle Bereiche meines Lebens ziehen."*

*"Du reinigst mein Herz und meinen Geist, damit ich für deine Geschenke offen bin und fähig, sie anzunehmen."*

*"Durch Geben empfange ich".*

*"Ich bin von Gottes Liebe erfüllt und strahle sie auf andere aus."*

*"Du zeigst mir immer eine optimale Lösung zum optimalen Zeitpunkt."*
*"Ich lebe sorgenfrei im Gottesbewußtsein, denn alle meine Bedürfnisse werden zur rechten Zeit und auf rechte Weise erfüllt."*
*"Gott gibt nur Gutes. Alles, was in meinem Leben geschieht, ist zu meinem Besten. Nur Gutes kann daraus für mich entstehen."*
*"Du liebst mich immer, so wie ich bin. Deshalb liebe ich mich selbst und kann andere lieben."*
*"Heute lebe ich voller Begeisterung".*
*"Ich bin stark, mutig, liebevoll, verständnisvoll, begeistert, einfühlsam und dankbar. "*
*"Mein Leben verläuft in göttlicher Ordnung. Alles in meinem Leben geschieht zu meiner geistigen Heilung."*

Diese Sätze sollen nur Anregungen sein. Wirkungsvoller ist es, wenn wir die Worte selber suchen, mit denen wir unsere momentanen Bedürfnisse beschreiben, unsere Wünsche formulieren und Vertrauen und Dankbarkeit zum Ausdruck bringen, daß wir durch die uns innewohnende göttliche Kraft alle Ziele erreichen können. Wenn wir unsere Affirmationen selbst formulieren, setzen wir uns bewußter mit dem auseinander, was an Einfällen in uns hochkommt. Wir begegnen unseren gewohnten Gedankenmustern und können sie nach negativen Bildern durchforsten, um sie abzulegen.

Wir gehen in uns, um uns über unsere tatsächlichen Wünsche klar zu werden. Dazu gehört nämlich auch, daß wir ihre Konsequenzen bedenken und diese ebenfalls wollen. Gutgehende Geschäfte z.B. bedeuten, daß wir jeden Tag von morgens bis abends im Einsatz sind. Der Wunsch nach einem Ehepartner oder nach einem Kind bindet uns in eine nachhaltige Verantwortung ein. Bei einem großen Haus mit Garten ist auch der Pflegeaufwand groß. Berühmt sein heißt, daß auch das eigene Privatleben zum Gegenstand öffentlichen Interesses wird. Visualisierungen helfen uns bei der Klärung unserer Wünsche. In dem Maße, wie wir sie dabei auch noch mit Gefühls- und Glaubensenergie aufladen können, stellen wir bereits die Weichen für ihre Verwirklichung.

Durch die Beobachtung unserer Gedanken holen wir nach und nach unsere unbewußten Einstellungen und Erfahrungsablagerungen ans Licht und gewinnen Einsicht in unsere persönlichen Reaktionsabläufe. In entspanntem Zustand üben wir durch Affirmationen und Visualisierungen neue Gedanken- und Gefühlsmuster ein und rüsten uns so für das JETZT, um im entscheidenden Moment geistesgegenwärtig zu sein und bewußt effektivere und lebensbejahendere Gedanken und Handlungen wählen zu können.

## Durch bewußte Weiblichkeit zu einer himmlischen Partnerschaft

Im Prinzip ist die Liebe ganz einfach. Wenn wir sie aber mit "emotionaler Intelligenz" praktisch umsetzen und die Weichen für unser Glück nicht mehr außen, sondern innen stellen wollen, dann lassen wir uns auf ein äußerst spannendes Abenteuer ein. Denn wir tauchen in die Untiefen unserer Persönlichkeit hinab, um an ihrem Grund unser wahres Selbst zu entdecken, das göttlich ist.
Wie bei den Goldsuchern muß jeder im Fluß seines Lebens eine gehörige Menge Krisen-Kies bewegen und über sein Beobachtungs-Sieb laufen lassen, bis sich mit jedem Nugget seiner

114

Selbsterkenntnis mehr und mehr von dem unermeßlichen Schatz enthüllt, den jeder als sein kostbarstes Erbe in sich trägt.

Das Leben in der Familie mit seinem existentiellen Aufeinander-bezogen-sein ist unsere Hauptschürfstation im Fluß des Lebens. Hier sind Beziehungen durch Blutsbande festgeschrieben, und die Herausforderung, sie mit Liebe zu erfüllen, stellt oft gewaltige Anforderungen an uns. Unerlöste alte Gedanken- und Erfahrungsmuster (oft aus früheren Leben) werden unaufhaltsam hochgespült und machen eine Bearbeitung unumgänglich. Hier ist der "Brennpunkt" für emotionale Intelligenz. Hier schleift das Leben Rohdiamanten zu Brillanten. Durch Einsicht können wir diesen Vorgang unterstützen. Statt zu leiden, können wir ein spannendes Abenteuer daraus machen, indem wir die dargestellten Zusammenhänge im eigenen Leben nachvollziehen und ihren Segen praktisch auf uns zu lenken lernen.

Es ist eine Aufgabe, die der weiblichen Natur besonders liegt. Denn uns Frauen erfüllt es mit großer Befriedigung, wenn wir Beziehungen harmonisch gestalten können. Das ist die unschätzbare Leistung, die Frauen zum Fortschritt des Lebens beitragen können. Wir sorgen so auf geistigem Wege für Heilung und führen das Leben in seine Ganzheit zurück. Auf den unsichtbaren Pfaden emotionaler Intelligenz verwirklichen wir die Quintessenz all dessen, was wir mit all unserer weltlichen Umtriebigkeit eigentlich suchen: Den bewußten Zugang zu vollkommenem Glück, zur geistigen Partnerschaft mit unserem höheren Selbst.

Unter den liebevollen Beziehungen innerhalb der Familie nimmt die Liebesbeziehung zum Ehepartner eine besondere Stellung ein: Weil wir "ein Fleisch" werden, ist die persönliche Begegnung besonders tiefgehend und nachhaltig. Wir öffnen uns mit allem, was wir sind, und nehmen deshalb Differenzen äußerst sensibel und als besonders störend wahr. Entsprechend intensiv engagieren wir uns, um die Störungen aufzulösen.

Das können wir jetzt mit Bewußtheit und Liebe tun, nachdem wir Einsicht in den Ursache-Wirkungs-Zusammenhang unserer geistig-seelischen Natur gewonnen haben. Indem wir uns auf die Arbeit der weiblichen Seite unserer Seele konzentrieren, entwickeln wir selbstbewußt unsere Weiblichkeit. Dabei bauen wir zielsicher eine himmlische Partnerschaft auf, und zwar in doppeltem Sinne: Unsere irdische Partnerschaft wird himmlisch, wenn wir uns mit Hilfe unserer himmlischen Partnerschaft von unserem negativen Ego befreien, so daß reine Liebe fließen kann. Wir lernen dabei die unsichtbaren geistigen Kräfte als eine Realität kennen, die genauso wirklich ist, wie unsere sichtbare Realität. Durch Anwendung und Erfahrung werden wir zu Expertinnen im Umgang mit dieser unsichtbaren Seite unserer Realität.

Da wir dabei in der Welt der Ursachen handeln, hat unser Tun große Macht !!! Und dieses **Tun liegt im richtig eingesetzten Nicht-Tun**: Im **Loslassen** unserer Rechthabereien, im **Zulassen**, daß das Sein so ist, wie es ist und im **Überlassen**, damit unser höheres Selbst im Sinne unserer angestrebten Ziele das Optimale zum optimalen Zeitpunkt arrangieren kann, nachdem wir uns selbst für unsere Ziele angestrengt und unser Möglichstes getan haben. Das Ergebnis ist **Gelassenheit**. So betätigen wir den "weiblichen Flügel" unserer Seele bewußt. Und diese Bewußtheit bedeutet, daß wir ihren "männlichen Flügel" koordiniert mit bewegen. Das stärkt unser positives Ego, denn es erreicht wie gewünscht seine Ziele, weil es mit Ursache und Wirkung nun auch im unsichtbaren Bereich seiner Gedanken und Gefühle bewußt agieren kann. Das gibt Selbstbewußtsein und macht glücklich. So entfalten wir die göttliche Natur unserer Seele und können das Leben in all seinen Facetten genießen. Das Himmelreich liegt in uns.

## WIE LEBEN WIR PRAKTISCH IM EINKLANG MIT DER MÄNNLICHEN UND WEIBLICHEN SEITE UNSERER SEELE ?

Was in uns liegt, verwirklicht sich außen durch die schöpferische Macht unseres Geistes. Die jeweiligen Aufgaben seiner männlichen und seiner weiblichen Komponente haben wir dargestellt. Sie widersprechen sich, denn Anspannen (das Richtige finden) und Loslassen (das Recht-haben-wollen hingeben) sind entgegengesetzte Energien. Unsere Aufgabe ist es, diese beiden Seelenkräfte harmonisch koordinieren zu lernen, um das ganze Potential unserer geistigen Natur zu verwirklichen, das Logos und Liebe in Einem ist.

Dementsprechend haben wir zwei Wege, um uns diesem Ziel anzunähern: Das Denken und das Fühlen. Durch Denken können wir das Gesetz von Ursache und Wirkung richtig verstehen. Durch Fühlen können wir Übereinstimmung, Liebe und Glück wahrnehmen. Das eine ist die männliche, das andere die weibliche Seite unserer seelischen Arbeit. Dabei sorgt unsere weibliche Energie dafür, daß wir uns von den negativen Auswirkungen unserer männlichen Energie reinigen, indem wir sie durch verzeihen auflösen. So führt Liebe uns in die Ganzheit zurück und eröffnet uns einen lebendigen Zugang zu Gott, den wir nun in der Harmonie mit allem Seienden **praktisch erfahren** können. Es ist die "mystische" Erfahrung. Sie ist "höher als alle Vernunft".

Die schöpferischen Prinzipien des Universums, z.B. der Wechsel zwischen Anspannen und Entspannen, werden in Analogien auf zahllosen Ebenen des Lebens durchgespielt. Wie "russische Puppen" bilden sie ineinandergeschachtelt ein Ganzes, in den einzelnen Schichten aber wird das Thema phantasievoll variiert. So gibt es auch für die beiden Komponenten der seelischen Arbeit eine äußere Entsprechung, die gleichzeitig ein praktisches Übungsfeld bietet mit einer nie endenden Motivation, diesen inneren Prozeß des geistigen Wachstums in Gang zu halten. Wir werden in einem männlichen oder einem weiblichen Körper geboren, um uns schwerpunktmäßig mal mit der einen und dann wieder mit der anderen Seite unserer seelischen Aufgabe auseinanderzusetzen, bis wir schließlich die gleichzeitige Koordination unserer beiden "Seelenflügel" beherrschen. Dann erübrigt sich die Einteilung in Männlichkeit und Weiblichkeit. Bis dahin aber ist sie ein mächtiger Faktor unseres praktischen Lebens.

Männer und Frauen unterscheiden sich ihrer geistigen Ausrichtung gemäß in ihrem energetischen Lebensausdruck. Sie haben entgegengesetzte, aber sich ergänzende geistige Frequenzen. Die sorgen für die vehemente Anziehungskraft zwischen den beiden Hälften, die sich nach Ganzheit sehnend unwiderstehlich aufeinander zubewegen. Seinen körperlichen Ausdruck findet das in der Sexualität, aus der als neue Ganzheit das Kind hervorgeht. Um dieses Geschehen herum sind Männer und Frauen mit einer unterschiedlichen Natur ausgestattet, die in wechselseitiger Ergänzung auf der körperlichen Ebene das Leben fortzeugt, auf der seelischen Ebene bei der Suche nach Glück kontinuierlich Anreize zum Wachstum provoziert und dabei auf der geistigen Ebene das Bewußtsein weiterentwickelt.

Wir wollen nun der Realität unserer männlichen und weiblichen Natur nachspüren. Denn eine unabdingbare Voraussetzung intelligenten Handelns ist es, die Tatsachen unserer Existenz möglichst realistisch einzuschätzen, damit wir in Harmonie mit ihnen auf Erfolgskurs gehen können und uns nicht durch falsche Vorstellungen in einem vergeblichen Kampf gegen die ewigen Kräfte der Schöpfung abstrampeln. Die Macht des Weiblichen entsteht aus der Fähigkeit, in Harmonie zu sein mit dem, was ist. Beginnen wir also damit, uns in Harmonie zu bringen mit der Tatsache, daß die männliche und die weibliche Natur von unterschiedlicher Qualität ist. Es sind verschiedenartige Energien, und denen wollen wir mit weiblicher Intuition nachspüren. Es geht darum, in Zusammenschau der großen Variationsbreite das Wesen des Männlichen und des Weiblichen zu erfassen, damit wir als Frauen selbstbewußt zu unserer Natur stehen können und unser Königinnenreich wieder zum Blühen bringen, das wir durch die einseitige Favorisierung unserer männlichen Energien so lange vernachlässigt haben.

## Die Eigenschaften der männlichen und weiblichen Natur

Der Mann hat einen muskulösen Körper, mit dem er kurzfristig eine starke Kraft mobilisieren kann. Diese setzt er eher grobmotorisch ein. Deshalb übernimmt er den Teil der Arbeit, bei dem große und schwere Dinge bewegt werden müssen, wozu körperliche Kraft erforderlich ist. Sein Interesse ist darauf gerichtet, die materielle Grundlage für das Leben zu schaffen. Dazu muß er sich mit dem Gesetz von Ursache und Wirkung auseinandersetzen und lernen, wie man es intelligent und kreativ für die Zwecke des praktischen Lebens einsetzen kann. Deshalb denkt der Mann

121

**sachlich** und **analytisch**. Er muß die Identität der natürlichen Gegebenheiten erforschen und sich überlegen, wie er sie verwenden kann, um Nahrung, Kleidung, Wohnung und all die anderen Dinge zu schaffen, die zum Leben notwendig oder wünschenswert sind. Deshalb denkt und handelt der Mann **produktorientiert**. Er untersucht und beobachtet, erforscht, überlegt und entscheidet, setzt seine Erkenntnisse um, indem er sie anwendet, und will sofort einen Erfolg sehen. Denn der zeigt ihm, ob er das richtige Know-how gefunden hat, ob er das Gesetz von Ursache und Wirkung richtig verstanden hat oder nicht.

Der Mann tut alles für seinen Erfolg, weil er darin Selbstbestätigung findet. Erfolge werden für ihn zu Persönlichkeitsmerkmalen. Männer messen sich gern untereinander, denn sie finden ihre Identität über ihre Leistungen. Der Beste, der Klügste, der Schnellste, der Stärkste zu sein, steigert ihren Erfolg und macht sie zu gesuchten und geschätzten Mitarbeitern. Um ihre Leistungen und Kompetenzen auch nach außen sichtbar zu machen, erfinden sie gern Titel, verleihen Medaillen und Orden und zeigen sich in Uniformen. Auch die typischen Berufsbekleidungen (Bäkker, Koch, Zimmermann, weiße bzw. blaue Arbeitskittel usw.) gehören dazu. Mit dem Wunsch, sich im Glanze ihrer Kompetenzen und Leistungen zu zeigen, steigern sie ihr Selbstwertgefühl. Sie **imponieren** damit anderen Männern, vor allem aber, und darauf legen sie besonderen Wert, wollen sie damit den Frauen imponieren.

Wenn es um größere Vorhaben geht, arbeiten Männer zusammen. Sie bilden informelle "Seilschaften" oder entwickeln offiziell Strategien, um die Arbeit im Hinblick auf ihre Ziele erfolgreich zu koordinieren. Denn Männer haben die Bedingungen ihres Lebens gern unter Kontrolle. Sie erfinden dazu Ideologien, Regeln, Gesetze, Strukturen, Pläne, Konzepte, Vorschriften, Hierarchien, um die Ergebnisse ihres Handelns steuern zu können. Es ist ihre Art, die Schöpfungsordnung zu reflektieren. Im verkleinerten Maßstab der eigenen Arbeits- und Lebenswelt bauen sie sie gleichsam nach und bringen damit unbewußt zum Ausdruck, was sie von Logos verstanden haben. Ihre religiösen Vorstellungen fassen sie in Theologien zusammen und machen Dogmen daraus. Wenn sie Diskrepanzen zu anderen Ideologien oder theologischen Denksystemen feststellen, nehmen sie das gern zum Anlaß, sich auseinanderzusetzen. Stolz, Selbstwertgefühl und die Überzeugung, das Richtige zu haben, bringt als Schattenseite das unbedingte Bestreben hervor, sich zu behaupten, sich durchzusetzen und recht zu behalten. Wenn das mit geistigen Mitteln nicht gelingt, wird die Auseinandersetzung nicht selten auch mit körperlichen Mitteln fortgesetzt, im Extremfall sogar mit Waffengewalt. Schon die kleinen Buben ermitteln in Ringkämpfchen, wer der Dominante ist. Diese energetische Tendenz des Männlichen reicht hinein bis ins Tierreich, wo die Männchen um das Recht kämpfen müssen, sich fortzupflanzen. In der Tendenz **konkurriert** die männliche Energie immer um die Durchsetzung des Besseren, des Richtigen. Mit dieser Kraft zielt die Schöpfung darauf, sich selbst im großen Spiel des Lebens die Eindeutigkeit des Logos bewußt zu machen.

Männer sind durch den intimen Umgang mit dem Gesetz von Ursache und Wirkung an Konsequenz und Strenge gewöhnt. Ihre Erfolge oder Mißerfolge zeigen ihnen knallhart, ob sie richtig oder falsch gehandelt haben. Ein Gebäude bricht zusammen, ein Medikament führt zu schädlichen Nebenwirkungen, eine Maschine versagt ihren Dienst, wenn irgendwo Fehler gemacht wurden. Männer lernen durch die Korrektur ihrer Fehlschläge, denn sie tun alles, um ihre Ziele zu erreichen und über Erfolge ihr Selbstbewußtsein zu stärken. Das ist ihre Art, ihr Glück zu verwirklichen. Weil sie sachbezogen denken, machen sie in ihren persönlichen Umgangsformen untereinander nicht viel Federlesens. Wer nicht erfolgreich ist, kann nicht gebraucht werden. Jeder muß selber sehen, daß er etwas aus sich macht. Weil Männer sich der Strenge des Kausalgesetzes stellen müssen, sind sie auch gegen sich selbst und untereinander streng. Das macht sie stark und erfolgreich. Das allgegenwärtige Gesetz von Ursache und Wirkung macht diese männlichen Tugenden der Strenge und Disziplin notwendig.

Die männlichen Energien sind hauptsächlich nach außen gerichtet in dem Bemühen, aus eigener Kraft die praktischen Lebensnotwendigkeiten zu beherrschen und zu verbessern. Dabei schaffen sie auch den Zeitgeist mit seinen sich wandelnden Ideen. Als sichtbare Zeugnisse dieser Leistungen sind Kulturen und Zivilisationen entstanden. Gebunden an die Zeit, sind ihre Schöpfungen jedoch der Vergänglichkeit ausgeliefert. Frauen haben an diesen Leistungen immer mitgewirkt, aber nicht vorne im Rampenlicht, wo die Orden und Ehrenzeichen verteilt wurden, sondern an der Basis, wo die Lebenskraft ihre Wurzeln hat. Frauen schaffen in der Zeitlosigkeit des Seins und arbeiten an seinen unvergänglichen Werten.

Die Frau interessiert sich für Menschen und für das Leben. Sie ist **personenbezogen**. Ein großer Teil ihrer Arbeit hat fürsorglichen Charakter. Damit sorgt sie sich um das Wohlbefinden der Menschen, mit denen sie in Beziehung steht. Denn es ist ihr ein Herzensanliegen, in harmonischen Beziehungen zu leben. Ihr Körper ist weich und rund und hat mit seinen schwächer entwickelten Muskeln die Fähigkeit zu feinmotorischer, ausdauernder Bewegung. Mit tausenden, sich immer wiederholenden kleinen

Handgriffen schafft sie die äußeren Bedingungen für Behaglich-
keit und Wohlbefinden. Sie setzt sich in täglicher Kleinarbeit mit
der Zubereitung von Nahrung auseinander, mit der Ordnung,
Reinigung und Verschönerung der Wohnung, mit der Pflege der
Kleidung, mit der Organisation all der Kleinigkeiten, die das Zusammenleben reibungslos machen.

Neben dieser Leistung im sichtbaren Bereich liegt ein noch wich-
tigerer Teil ihrer Arbeit im unsichtbaren Bereich. Die Frau sorgt
sich um die Harmonisierung der Gefühle. Dazu hat sie von Natur
aus feine Antennen für alles Emotionale. Intuitiv nimmt sie die
Gefühlslage anderer wahr und leidet empfindlich unter Störungen, besonders wenn sie in den Beziehungen zu ihren Lieben
auftreten. Mit ihrem Handeln will sie Harmonie erhalten, wieder-
herstellen und stabilisieren. Ihr Handeln ist deshalb **prozeßori-
entiert**. Ihr Ziel ist Einvernehmlichkeit. Ihre Kunst ist Diplomatie,
um Widerstreitendes unter einen Hut zu bringen. Ihr Denken ist
**integrativ** ausgerichtet. Ihre Erfolge sind nur auf lange Sicht zu
erringen. Deshalb braucht die Frau Geduld, Ausdauer, Beharrlichkeit und einen langen Atem.


Immer wieder ist die Frau mit dem emotionalen "Dreck" konfron-
tiert, den ihre Lieben bei ihr abladen. Das Kind hat sich verletzt
und schreit seinen Schmerz lauthals heraus. Die Geschwister
haben Meinungsverschiedenheiten und piesacken und beschul-
digen sich gegenseitig. Die pubertierende Tochter hat Selbstwertprobleme und ist ungenießbar. Der Mann hatte Ärger in der
Firma und läßt zu Hause aus geringfügigem Anlaß seine
schlechte Laune explodieren. Die Frau bemüht sich, all diese
Emotionen zu harmonisieren. Immer wieder muß sie dabei mit

**Abb. 14** Männer konkurrieren und imponieren gern, Frauen suchen Harmonie und emotionale Nähe, unter anderem durch Reden.

ihren eigenen negativen Emotionen fertig werden, um wieder zu innerer Harmonie zu finden.

Deshalb hat sie ein dringendes Bedürfnis nach seelischer Hygiene. Dazu braucht sie das Gespräch mit anderen Frauen. Hier kann sie sich Luft machen, hier kann sie ihre Gefühle ausdrücken und sie mit der Freundin "durchkauen". Das Ratschen an der Straßenecke oder beim Kaffeeklatsch hat also eine gleichsam therapeutische Bedeutung. Die Frau wird bei ihren Geschlechtsgenossinnen auch immer auf Verständnis und Interesse stoßen, denn alle Frauen schlagen sich mit dem Problem ihrer Gefühlshygiene herum. So helfen sie sich gegenseitig, ihre Gefühle auszusprechen und sie dadurch dem Bewußtsein zugänglich zu machen, sie dann zu klären, zu bewerten, zu reinigen, zu stabilisieren und erfolgreiche Verhaltensstrategien zu entwickeln.

Frauen mögen und brauchen deshalb den Kreis der anderen Frauen, mit denen sie reden können. (Abb. 14) Sie wollen aus dieser Gemeinschaft auch nicht in irgendeiner Form herausragen. Deshalb übernehmen sie im Berufsleben nicht gerne Vorgesetztenpositionen. Eher zeigen sie den anderen Frauen gegenüber ihre Schwächen, um dadurch seelischen und praktischen Beistand zu erreichen. Durch Reden schaffen Frauen Nähe zueinander und unterstützen sich gegenseitig bei der schwierigen Aufgabe, das Leben von seiner emotionalen Seite her zu bewältigen und immer wieder seelischer Kraftquell in ihren Beziehungen zu sein.

Aus diesem Grunde brauchen Frauen auch viel Nahrung für ihre Seele. Das zeigt sich z.B. darin, daß sie für alles Schöne sehr empfänglich sind. Frauen investieren viel Zeit, um der Schönheit zu dienen. Sie engagieren sich nicht nur für Mode und Kosmetik, sondern auch für eine saubere, gepflegte und hübsch gestaltete

Wohnumgebung. Darüber hinaus sind es in der Mehrzahl Frauen, die in Theater, Konzerte, Museen und alle möglichen anderen kulturellen Veranstaltungen streben. Meist geht es auf ihre Initiative zurück, wenn kulturelle Angebote genutzt werden. Nicht selten müssen sie ihren Mann erst mühsam dazu überreden. Auch im kirchlichen Gottesdienst oder in Selbsterfahrungs-Seminaren sind Frauen in der Überzahl. Sie brauchen den Kontakt zu den "höheren Dingen des Lebens" nicht nur, um seelisch aufzutanken, sondern auch, um ihre Urteilsfähigkeit in Gefühlsangelegenheiten zu stärken. Unbewußt suchen sie dabei Wege, um ihre emotionalen Erfahrungen besser einordnen zu können und mit Verletzungen fertig zu werden. Letztendlich geht es ihnen darum, den inneren Weg zum Glück zu finden. Wie wir wissen, verbirgt sich dahinter die Sehnsucht, in Harmonie mit allem Seienden Gott zu erfahren.

Männer sind glücklich, wenn sie Erfolge in ihren nach außen gerichteten lebenspraktischen Bemühungen haben. So bringen sie sich in der grobstofflichen Materie in Übereinstimmung mit dem Kausalgesetz. Frauen brauchen Harmonie in ihren Gefühlen, um glücklich zu sein. Intuitiv suchen sie in der feinstofflichen Ebene des Seins nach Übereinstimmung mit den Lebensgesetzen. Sie interessieren sich für das Transzendente. Daher rührt auch ihre Aufgeschlossenheit für alles Schöne und Künstlerische. Denn in der Kunst werden metaphysische Weltdeutungen sinnlich erfahrbar gemacht. Und in der Schönheit suchen sie einen Ausdruck für Vollkommenheit, für das vollkommenste Gefühl, die Liebe. Ihr Ziel ist es, das Mysterium wahrer Liebe zu finden. Das ist die unterschwellige Sehnsucht, von der wir Frauen bewegt werden.

Wir kennen die zahllosen Irrwege aus eigener Erfahrung, die wir dabei gehen. Geleitet von unserem Ego, suchen wir die Liebe immer wieder außen, indem wir unseren Partner so zu manipulieren suchen, daß er unseren Erwartungen entspricht und wir recht behalten können. "Ich liebe dich, wenn du dich so verhältst, wie ich will." Nie wird diese Erwartung richtig erfüllt, im Gegenteil: Mit der Zeit kommt der ausgeübte Druck zurück. Wir ernten den Geist, den wir gesät haben. Erst wenn wir gelernt haben, die richtigen Ursachen zu säen, bekommen wir das, was wir uns wünschen.

Unsere Anstrengungen richten sich nicht mehr darauf, Liebe von außen zu bekommen, sondern wir machen unsere Hausaufgaben, um die Quelle der Liebe in unserem Innern zu öffnen. In dem Maße, wie wir sie für uns selbst in Anspruch nehmen können, fließt sie durch uns nach außen, und wir können Liebe geben. Die Blockade ist unser negatives Ego. Davon befreien wir uns und lassen uns helfen durch die liebevolle und vertrauensvolle Verbindung mit unserem höheren Selbst. Erst dadurch bringen wir uns in die Lage, selbst Liebe empfangen zu können.

Reich beschenkt und glücklich, müssen wir nun nicht mehr aufrechnen, ob wir auch herausbekommen, was wir investiert haben. Etwa nach dem Motto: "Warum soll immer ich es sein, die nachgibt und verzeiht?" Wir erhalten selbst einen Wert, der nicht hoch genug geschätzt werden kann, denn wir heilen unsere Seele und befreien sie von den Lasten unserer leidvollen Erfahrungen und den uralten Reaktionsmustern aus endlosen Täter-Opfer-Spielen. Wir bringen unser geistiges Fundament in Ordnung und legen den Grundstein für eine nachhaltige seelische und folglich auch körperliche Gesundheit.

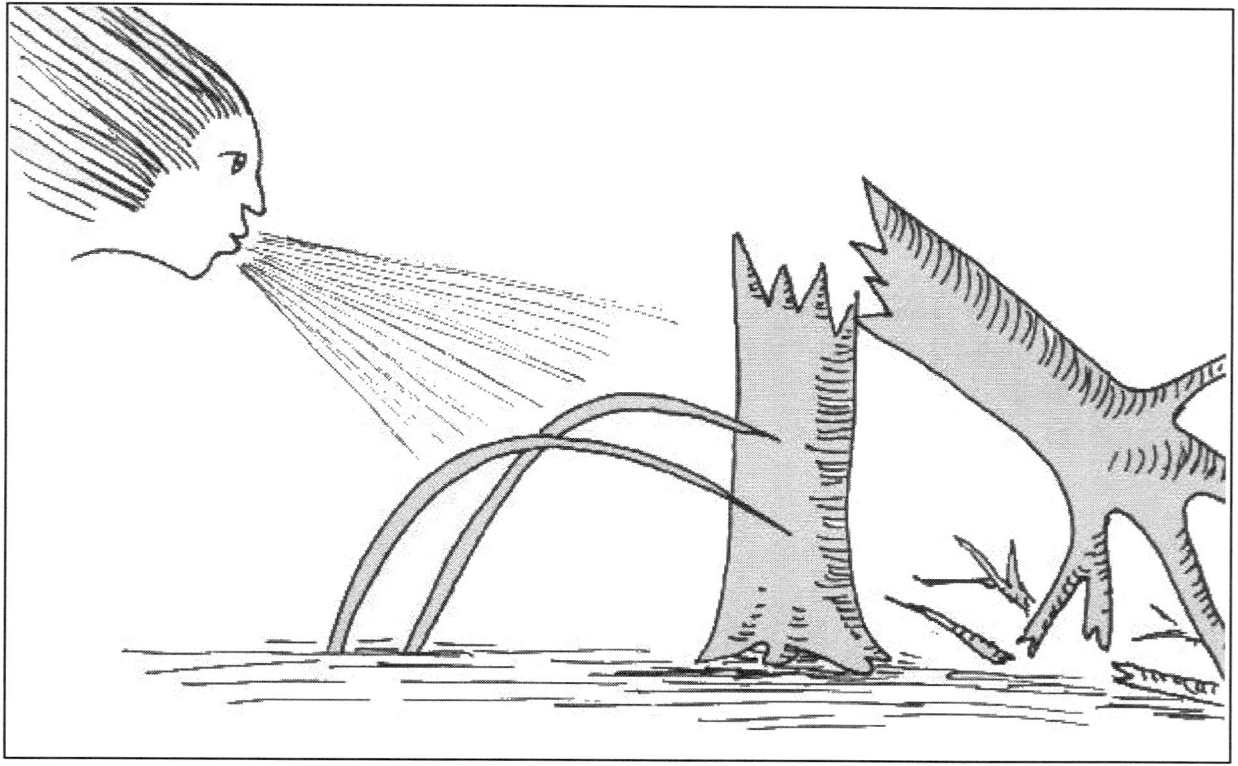

**Abb. 15** Das innen leere Rohr biegt sich im Sturm, der feste Baumstamm bricht um.

Die statistisch höhere Lebenserwartung von Frauen hat mit ihrer inneren Flexibilität zu tun. In der Natur finden wir ein analoges Bild dazu: Bei Sturm geben die rohrartig gewachsenen, innen leeren Halme nach, biegen sich flexibel um und richten sich danach wieder auf, feste Baumstämme jedoch brechen um und bleiben zersplittert am Boden liegen. (Abb. 15) Wenn wir durch die Aktivierung unseres "weiblichen Seelenflügels" diese innere Flexibilität bewußt eingeübt und dadurch die Quelle der Liebe erst einmal geöffnet und für uns selbst zugänglich gemacht haben, werden wir zu einem Kanal, durch den unerschöpflicher Segen in unser Leben fließt - nicht nur für uns selbst, sondern auch für alle, die mit uns leben. So werden wir Frauen zu Führerinnen auf dem Weg zu wahrem Glück und als solche zu Priesterinnen des Lebens. Denn wir vermitteln durch unser liebevolles Handeln die Nähe Gottes und machen sie, jenseits von allem (männlichen) Dogmatismus, ganz praktisch im Sein für uns selbst und für andere erfahrbar.

Durch den intensiven Umgang mit Gefühlen haben Frauen ein sicheres Gespür, wenn es darum geht, Menschen, Situationen oder Erfahrungen zu bewerten. Denn sie suchen und bewahren den Schatz des seelischen Know-hows für Glück. Das macht sie zu Hüterinnen der sittlichen Werte. Damit fällt ihnen nach der Schöpfungsordnung eine führende Rolle im Leben zu: Ihnen obliegt es, das Lebensschiff zu lenken und der von den Männern erzeugten Bewegung die Richtung zu geben (Abb. 16). Diese angestammte Macht der Frauen fällt ihnen aber nur in dem Maße zu, wie sie die weibliche Seite ihrer Seele auch tatsächlich kultivieren und als Folge davon Weisheit, Fröhlichkeit, Geduld, Langmut, Güte, Festigkeit, Treue, Ausdauer, Fürsorglichkeit selbst repräsentieren.

**Abb. 16** Frauen geben der von den Männern erzeugten Bewegung die Richtung, wenn sie ihr weibliches Potential verwirklicht haben.

## Die Auswirkungen männlicher und weiblicher Energien im Gesamtgefüge des Lebens

Aus Unwissenheit haben Frauen diese Aufgabe seit der Aufklärung durch die einseitige Favorisierung der männlichen Seelenenergie zunehmend mehr vernachlässigt. Diese Einseitigkeit zeigt jetzt Wirkung. Was nützt uns ein hoher Intelligenzquotient, wenn wir unseren Emotionen hilflos ausgeliefert sind ? Es ist ein weiteres Beispiel für die schöpferische Macht unseres Geistes. Heute ist uns die emotionale Natur des Menschen zum Problem geworden. Diese Betroffenheit macht uns aber auch reif, uns für eine Lösung zu interessieren und zu öffnen. Dadurch haben wir die Chance, Ursache und Wirkung in uns selbst tiefer zu verstehen, so daß wir nun intelligent handeln und eine Veränderung bewußt herbeiführen können.


Damit bleiben wir in der Tradition der Aufklärung, die die führende Rolle der Vernunft entdeckt und ihr die Wege ins praktische Leben geebnet hat. Eine grundlegende Tatsache der Schöpfung ist damit verstanden worden: Alles Geschaffene hat geistigen Ursprung und folgt dem Gesetz von Ursache und Wirkung. Das männliche Prinzip führt, weil es die Ursache für alles Geschaffene ist. Unser Glaube, in dem sich unsere Interpretationen des Kausalgesetzes kristallisiert haben, hat als Verursacher unserer Lebensumstände schöpferische Macht.
Das männliche Prinzip behält auch weiterhin seine führende Rolle, wenn es jetzt darum geht, das weibliche Prinzip zu verwirklichen, das eine korrigierende Funktion hat. Es muß all das in die Ganzheit der göttlichen Ordnung zurückholen, was durch die männliche Macher-Hybris am Ziel vorbeigeschossen ist. Das ist immer dann passiert, wenn wir den freien Willen eines anderen

Menschen nicht respektiert und ihm unseren Willen aufgedrängt oder gar aufgezwungen haben. "Ich akzeptiere (liebe) dich nur dann, wenn du dich so verhältst, wie ich will". Diese unbewußten oder auch bewußten Gewaltanwendungen als Schattenseite unserer männlichen Macher-Natur müssen durch Verzeihen Stück für Stück aufgelöst und in die göttliche Ordnung, d.h. in wahre Liebe, zurückgeführt werden.

Gleichzeitig trainieren wir damit die innere Haltung: "Nicht mein Wille, sondern dein Wille geschehe." Diese weiblich loslassende und zulassende Einstellung ist die notwendige Ergänzung, die unser männliches Macher-Potential braucht, um seine mögliche Vollkommenheit auch tatsächlich zu erreichen. Seine Energie schießt dann nicht mehr am Ziel vorbei, sondern arbeitet, nun "weiblich" im Zaum gehalten, kooperativ mit der Ganzheit des Logos zusammen, der die Liebe und den Respekt vor dem freien Willen des anderen immer mit einschließt.

Sobald wir diese Balance geistig halten können, sobald wir also beide Flügel unserer Seele koordiniert betätigen können, steigt unser kreatives Potential exponentiell. Denn die Allmacht des göttlichen Schöpfungspotentials steht uns dann zur Verfügung, so wie Christus es uns in seinen "Wundern" gezeigt hat. Jeder Mensch kann diese Vollkommenheit erreichen, der wie er keine Spur eines negativen Ego mehr hat. Nicht "Wunder", sondern vollendete geistige Kooperation mit Logos ist das Geheimnis. Der Weg zu dieser Vollendung geht über die Liebe. Der Weg der Liebe geht über die Auflösung unseres negativen Ego. Die Auflösung unseres negativen Ego gelingt uns durch den vollendeten Gebrauch unserer Vernunft. Sie behält die Führung, wird nun aber nicht mehr rechthaberisch am Ziel vorbeischießend eingesetzt, sondern so, daß sie dies als Fehler erkennt und losläßt, den anderen sein läßt und dem göttlichen Selbst die Auflösung und seelische Heilung überläßt.

Diese entspannende und harmonisierende Energie liegt der weiblichen Natur näher als der männlichen. Neulich hörte ich in einer Talk-Show einen Experten, der diesem Phänomen der "unbegreiflichen" weiblichen Geduld, diesem "unvernünftigen" Aushalten in problematischen Situationen wissenschaftlich nachgegangen war. Wie so viele andere Experten auch, suchte er nach Wegen, wie man Frauen ermutigen und zeigen könnte, sich früher zu wehren. Aus der uralten Gewohnheit des negativen Ego, dieser Schattenseite unserer denkenden Macher-Natur, wollte er das scheinbar Vernünftige weiterhin propagieren. Wir wissen jetzt, daß das nicht intelligent ist, weil mit dem negativen Ego gerade die geistigen Kräfte gefördert werden, die ein friedliches und liebevolles Zusammenleben auch in Zukunft verhindern und unsere Beziehungsunfähigkeit fortzeugen werden.

Es ist wahr, daß mit der angeborenen weiblichen Neigung zum Dulden und Ertragen viel unakzeptierbares Leid verbunden ist. Dagegen muß etwas unternommen werden ! Aber mit den richtigen Mitteln ! Deshalb beschäftigen wir uns so ausführlich mit Ursache und Wirkung unserer Innenwelt, um uns diese Mittel zugänglich zu machen. Wir fördern damit unsere emotionale Intelligenz und sind nun in der Lage, von einem höheren Niveau der Einsicht aus auch unsere weiblichen Möglichkeiten des Loslassens, Zulassens und Überlassens bewußt mit einzusetzen.
Auf dem Weg, sich von ihrem negativen Ego zu befreien, bekommt die weibliche Neigung zum Dulden und Ertragen nun eine andere Qualität. Sie kommt nicht mehr aus einem Gefühl, Opfer zu sein, sondern sie ist wie das Einnehmen einer notwendigen,

vorübergehend vielleicht auch bitteren Medizin, durch die dann aber Heilung und Gesundheit sicher erreicht wird. Wenn wir uns einer Operation unterziehen, nehmen wir die vorübergehend auftretenden Schmerzen auch in Kauf. Das negative Ego ist ein uralter, tief verwurzelter Bestandteil unserer Seele. Es ist das Abfallprodukt unserer geistigen Weltverdauung und klebt wie schwarzes Pech in unseren Gehirnwindungen. Wenn wir es "herausoperieren", entstehen auch hier Schmerzen. Vor allem am Anfang sind sie zu spüren, wenn wir damit beginnen, uns von altgewohnten Denkrastern zu lösen.

Darunter mögen uns sogleich einige Denkraster der Frauenbewegung quer im Halse stecken bleiben. Hier gilt es, weise zu unterscheiden, welche Gedanken gut und brauchbar sind und welche Gedanken am Ziel vorbeischießend die Ursache für eine andere Form von Unglück sind. Es kann nicht Sinn der Emanzipation sein, sich bei der Überwindung des einen Übels ein anderes einzuhandeln. Ganz sicher war es notwendig, daß Frauen einen ebenbürtigen Anteil bei der Gestaltung der Welt gefordert und dazu ein Recht auf Ausbildung durchgesetzt haben. Ein notwendiger Lernschritt war zweifellos auch, Selbstbewußtsein zu entwickeln und sich der eigenen Fähigkeiten zu versichern. Daß die Frauen dazu Maß an den männlichen Fähigkeiten genommen haben, lag zunächst auf der Hand; denn das männliche Denken bestimmte unsere Normen. Frauen begannen, sich wie Männer zu verhalten und mit Männern zu konkurrieren. Dazu mußten sie besser sein als sie, um im Gerangel um Posten, Positionen und Einflußmöglichkeiten sich einen gewissen Anteil zu erkämpfen.

In dem Maße aber, wie sie dabei zu "Arbeitskumpeln" geworden sind, ist die erotische Spannung zwischen den Geschlechtern abhanden gekommen, diese Faszination des nicht definierbaren ganz Anderen, das die Phantasie beflügelt und Treibstoff für die

Lust auf das Abenteuer Leben ist. Im Verhältnis der Geschlechter herrschen heute Ernüchterung, Skepsis, Vorsicht und Enttäuschung vor. Man experimentiert mit neuen Formen des Zusammenlebens in Kommunen, als Single, in gleichgeschlechtlichen Partnerschaften. Die Atmosphäre ist geprägt von der deprimierenden Erfahrung, daß das Gefühl von Liebe und Geborgenheit, nach dem sich alle aus tiefstem Herzen sehnen, immer nur vorübergehend zu haben ist.

Diese Erfahrung wurde aus dem Geist geschaffen, der nicht nur Männer, sondern auch Frauen zu einseitig aus der männlichen Energie ihrer Seele leben ließ und der dabei die weibliche Seelenenergie in ihrer lebensspendend ausgleichenden Macht nicht einzuschätzen wußte. Die anfängliche Euphorie in der Liebe ist eine Gratisprobe ihrer überwältigenden Herrlichkeit. Wenn wir sie behalten wollen, müssen wir, wie beim Einkauf, dafür bezahlen. Die Münze ist das negative Ego. Und die Domäne unserer weiblichen Seelenenergie ist es, dieses loszulassen und hinzugeben.

Mit dieser Fähigkeit ist die Kunst, eine Beziehung harmonisch zu gestalten, weiblich. Einfühlsam zu sein und sowohl mit den eigenen wie auch mit den Gefühlen anderer harmonisierend umgehen zu können, ist weibliches Potential. Es hat schon immer Männer gegeben, die diese Seite ihrer Seele gut entwickelt hatten. Sie wählten dann Berufe, in denen eine sensible Einfühlsamkeit besonders wichtig ist wie etwa bei allen beratenden und helfenden Berufen. Heute werden die weiblichen Fähigkeiten auch von Männern mit anderen Berufsinteressen als wichtiger Bestandteil ihrer Qualifikation angesehen. Es gibt Schulungen in Selbstmanagement, um im aufreibenden Berufsalltag mit den eigenen inneren Kräften besser haushalten und Mitarbeiter psychologisch besser einschätzen und effektiver auf sie eingehen zu können. Das ist inzwischen eine mindestens ebenso gefragte Kompetenz wie die fachliche Qualifikation. Man interessiert sich heute ebenso selbstverständlich für die Gefühle in einer Situation, wie man bisher vor allem nach ihrer sachlichen Beurteilung gefragt hat.

Psychologisches Wissen gehört heute selbstverständlich zur Allgemeinbildung. Es vertieft sich und wird in einen weiteren Rahmen gestellt, wenn wir entdecken, daß moderne wissenschaftliche Erkenntnisse uralte esoterische Weisheiten bestätigen. "Geheimlehre" waren sie nur so lange, wie das Wissen um die verborgenen Wirkprinzipien des Lebens nur von wenigen, um einen spirituellen Meister versammelten Schülern verstanden werden konnten. Dabei ging es jedoch nicht um Geheimhaltung, sondern um ein noch nicht ausreichend entwickeltes Bewußtsein bei der Mehrheit.

Heute hat sich das Bewußtsein der Menschen auf breiter Front entwickelt, und ihre weibliche Seelenenergie, die für das Unsichtbare und Transzendente empfänglich macht, ist auf breiter Front am Wachsen und Reifen. Mehr und mehr wird das weibliche Seelenpotential in seiner Andersartigkeit verstanden und dabei in seiner Gleichwertigkeit anerkannt. In der männlichen Berufswelt setzt man diese Einsichten schon ganz pragmatisch zur Optimierung der personalen Prozesse um. Dort dienen sie allerdings dem ganz männlichen Ziel, über den Faktor Mensch den beruflichen Erfolg zu maximieren.

Es ist an der Zeit, emotionale Intelligenz auch in den privaten Erfolg zu investieren, damit Partnerschaft und Familie die emotionale Geborgenheit und Stabilität in unser Leben bringen, ohne die wir als Menschen nicht glücklich werden können. Noch neigen wir dazu, unser Glück ganz männlich hauptsächlich im beruflichen Erfolg zu suchen und unsere Aufmerksamkeit auf alles zu richten, was dazu notwendig ist. Es ist, als wenn wir unsere Muskeln unter dauernder Anspannung hielten. Was passiert ? Die Muskeln verhärten und verkrampfen sich, und wir bekommen je länger umso mehr unerträgliche Schmerzen.

In Analogie dazu führt auch die einseitige Anspannung unserer männlichen Seelenenergie seit der Aufklärung zu immer schmerzhafteren Zuständen in unserem persönlichen Leben und in der Summe davon auch im "Körper" unserer Gesellschaft. Ihre Keimzelle ist gestört. Es gibt heute Überlegungen, ob Ehe und Familie nicht veraltete und überholte Einrichtungen seien, die man abschaffen könne, wenn sie die Bedürfnisse der Beteiligten nicht mehr befriedigen. Sie scheitern jedoch nur deshalb mit einer so hohen statistischen Regelmäßigkeit, weil wir vor der Aufgabe davonlaufen, für den Erfolg unserer privatesten Beziehungen mit demselben Engagement an "fachlicher Qualifikation" und konsequenter Umsetzung zu arbeiten, wie wir es in unserem Beruf für normal halten.

Allerdings greift die Arbeit zur Harmonisierung unserer privaten, familiären Beziehungen sehr viel fundamentaler in unsere Persönlichkeit ein, als es die berufliche Arbeit je tun kann. Die ewige Dimension unseres Lebens wird berührt, wenn wir vor die Aufgabe gestellt sind, als Mensch zu reifen und uns aus uraltem Konfliktpotential unserer Seele zu erlösen. Dazu brauchen wir die entspannende und korrigierende Funktion unserer weiblichen Seelenkräfte.

Wenn wir den familiären, diesen elementaren Bereich unseres Lebens heilen und die Liebe dort verwirklichen, wo sie ihren

Nährboden haben soll, dann sanieren wir gleichzeitig auch viele andere aktuelle Probleme an ihrer Wurzel: Unsere psychosomatischen Krankheiten, die destruktiven Tendenzen bei den Jugendlichen, den rücksichtslosen Mißbrauch unserer natürlichen Lebensgrundlagen, unter denen unsere geistig-seelische Natur die elementarste ist. Das macht sie zur **Ursache aller Ursachen**. Die ökologische Sanierung unserer Welt hat hier ihre Basis !

Viele Menschen sind heute bereit, sich für eine saubere Umwelt zu engagieren. Sie vermeiden den Gebrauch belastender Substanzen im Haushalt und treiben einen Riesenaufwand, um Abfälle möglichst umweltfreundlich zu entsorgen. Das negative Ego ist das Abfallprodukt unserer geistigen Weltverdauung. Seit Jahrtausenden "verunreinigt" es unseren zwischenmenschlichen Umgang. Jetzt kommt diese Umweltverschmutzung an einen kritischen Punkt, denn der "Nährboden" ist am Kippen, auf dem all die seelischen Qualitäten wachsen, die uns zu liebevollen, friedfertigen, harmoniefähigen Menschen machen. Dieser "Acker" ist die Familie. Nach der Schöpfungsordnung ist der Frau die verantwortliche Führung bei seiner Bestellung in die Hände gelegt worden. Jeder unerlöste Konflikt "vergiftet" diesen Acker mehr und mehr. Was darauf wächst, hat dann immer weniger die Qualität, guter "Ackerboden" für eigenes Lebensglück und das der nächsten Generation zu sein. Denn der Geist als Same ist immer schöpferisch, auch im Negativen.

Wenn er millionenfach in Partnerschaften und Familien eine negative Richtung einschlägt, hat das schließlich Auswirkungen auf das ganze gesellschaftliche und globale System zwischenmenschlichen Verhaltens. Hier treten die Symptome immer deutlicher hervor: Das Konzept der Ehe als lebenslange Verbindung löst sich auf. Als Folge davon verliert die Familie ihre haltgebende, schützende Funktion. Immer mehr Menschen fühlen sich innerlich entwurzelt und in ihrem Gefühlsleben unbeheimatet. Sie erproben neue Formen des Zusammenlebens, die häufig dadurch gekennzeichnet sind, daß sie dem negativen Ego Hintertüren offenlassen, durch die es bei Konflikten entschlüpfen und seine Haut retten kann. Aus der mangelnden Verbindlichkeit in Beziehungen erwächst das Gefühl der Vereinzelung und Vereinsamung. Die Partner möchten zuerst Liebe bekommen, bevor sie bereit sind, Liebe zu geben. Die Wirkung soll vor der Ursache eintreten. Soherum funktioniert das Kausalgesetz nicht. Wenn in den Acker nicht die Samen unserer weiblichen Seelenkräfte gelegt wurden, sondern die unseres negativen Ego, dann wachsen entsprechende Früchte heran: Die Gewaltbereitschaft der Jugend, die Drogenproblematik, psychosomatische Krankheiten, Auflösung der Ehe, um nur die markantesten zu nennen. Was wir geistig gesät haben, geht mit immer katastrophalerer Wirkung auf.

Es führt uns aber auch drastisch vor Augen, wie wichtig der Beitrag unserer weiblichen Seelenenergie für das Gelingen des Lebens ist. Er ist der Boden, aus dem die Kraft und das Gelingen für alles andere erwächst. (Abb. 17) Den Frauen ist von Natur aus ein fundamentaler Anteil an der Gestaltung des Lebens in die Hände gegeben. Weil er nicht so spektakulär ist, wie die großartig sichtbaren materiellen Ergebnisse männlicher Arbeit, haben wir seine Bedeutung bis jetzt nicht einzuschätzen gewußt. Das ändert sich jetzt, wenn uns die Probleme zwingen, die Zusammenhänge tiefer zu verstehen.

Abb. 17 Männer schaffen die vergänglichen Werte, Frauen arbeiten an der Basis des Lebens und verwirklichen die unvergänglichen Werte.

Daraus wird sich auf breiter Front die Wertschätzung ergeben, die dem weiblichen Lebensbeitrag gebührt. Durch leidvolle Erfahrung wächst die Einsicht, daß in der männlichen Arbeits- und Produktionswelt nur die eine Hälfte des Glücks zu gewinnen ist, nämlich die Versorgung mit materiellen Gütern und die Selbstbestätigung unserer schöpferischen Kraft. Solange diese aber ausschließlich in der grobstofflichen Seite unserer Realität gebunden bleibt, handeln wir im Reich des Vergänglichen, und unser Glück steht auf tönernen Füßen. Unsere unglücklichen Gefühle zeigen es uns jeden Tag.

Den fundamentaleren Zugang zum Glück finden wir durch die Arbeit unserer weiblichen Seelenenergie, die durch emotionale Intelligenz mit den machtvollen Wurzeln im Geistigen umzugehen weiß. Damit ist dem Weiblichen von Natur aus eine Bedeutung und eine Macht gegeben, deren wir uns bis jetzt noch nicht bewußt gewesen sind. Es ist die Macht der Liebe, die Christus schon vor 2000 Jahren an unser Einsehen herangetragen hat. Ein "Quantensprung" unserer Bewußtseinsentwicklung ist damit verbunden. An diesem Kriterium scheidet sich der Geist für das neue Jahrtausend.


Es ist in hohem Maße von uns Frauen abhängig, ob uns dieser Schritt auf ein höheres geistiges Niveau gelingt. Hier ist die Domäne, in der wir Frauen das Leben fundamental mitgestalten können. Da wir es jetzt mit Bewußtheit tun, können wir es zur Quelle unseres Selbstwertgefühls machen. Bewußte Weiblichkeit bringt wieder diese ganz andere Energie ins Spiel der Geschlechter, die Männer und Frauen inspiriert, wodurch das Leben Spannung, Farbe, Phantasie und den Reiz des Abenteuers bekommt, aus dem alle Beteiligten am Ende erfolgreich und dadurch glücklicher hervorgehen.

Das Spiel der Geschlechter findet auf körperlicher, seelischer und geistiger Ebene statt. Es ist ein Beziehungsspiel. Da Beziehungen weibliche Domäne sind, ist es die Frau, die dieses Spiel gestaltet. Die Triebfeder, die das Spiel in Gang setzt, ist die Sexualität.

## Die Natur der männlichen und weiblichen Sexualität

Auch die Sexualität ist bei Männern und Frauen unterschiedlich. Ein wichtiger Teil der Spielregeln ist, daß wir diese Unterschiede realistisch ins Spiel mit einbeziehen.

Die Macher-Natur des Mannes drückt sich auch in seiner Sexualität aus. Von ihm geht die Initiative und die Dynamik aus. Die männliche Sexualität ist durch optische Reize schnell erregbar: Schöne Beine, ein wogender Busen, langes blondes Haar, wiegende Hüften, eine zierliche Figur oder andere Äußerlichkeiten können der Auslöser sein - und schon ist die Leidenschaft des Mannes erwacht. Wenn möglich strebt sie nach rascher Erfüllung. Im Zustand der Leidenschaft ist sein Verstand "in der Hose". Er tut jetzt alles, um die Frau zur Hingabe zu bewegen. Schöne Worte und vielerlei Versprechungen haben sich immer wieder als ein probates Mittel dazu erwiesen; denn eine Frau drückt ihre Gefühle, ihre Lebenswirklichkeit, in Sprache aus. Deshalb läßt sie sich durch schöne Worte beeindrucken. Und der Mann sagt jetzt alles, was sie gern hören möchte, um an sein Ziel zu kommen. Unter dem Druck gestauter Sexualenergie kann sein Drängen sogar aggressive Züge annehmen.

Wenn seine Bemühungen zu dem gewünschten Ziel geführt haben, und wenn nach der sexuellen Vereinigung der Verstand des Mannes wieder in den Kopf zurückgekehrt ist, dann haben für ihn seine aus der "Hitze des Gefechtes" gesprochenen Worte ihre

144

Bedeutung mehr oder weniger verloren. Das muß eine Frau wissen ! Wenn sie sich ein Bild von ihm machen will, muß sie seine Handlungen beobachten. Ein Mann zeigt sein Wesen vor allem durch seine Handlungen.

Die sexuelle Vereinigung ist bei ihm ein heftiger, dynamischer Prozeß, der, wenn er nicht kultiviert wird, schnell seinem Höhepunkt zustrebt. So leidenschaftlich seine Zuwendung zur Frau während des Aktes ist, so abrupt fällt sie nach dem Höhepunkt in sich zusammen und kann in Gleichgültigkeit enden, wenn nicht eine tiefgehende, emotionale Bindung besteht. Es ist die Aufgabe der Frau, **vor** der ersten sexuellen Begegnung diese tiefe Liebesbindung aufzubauen. Für den Mann ist das nicht so wichtig. Seine schnell entflammbare Leidenschaft sucht vor allem nach Triebentladung. Seine Sexualität ist sehr viel mehr im rein Körperlichen verankert, als die der Frau. Auch in seinem Triebleben ist der Mann materiebezogener als sie. Deshalb kommt es seiner sexuellen Natur entgegen, wenn er ohne große "persönliche Investitionen" seine Bedürfnisse befriedigen kann. Dieser Eigenschaft der männlichen Sexualität verdankt das "älteste Gewerbe der Welt" seinen ungebrochenen Zuspruch. Bei Prostituierten kann der Mann seine Bedürfnisse ausleben, ohne Verantwortung für die Frau und eventuell entstehende Kinder übernehmen zu müssen. Das sexuelle Geschehen greift bei ihm nicht so tief in die Persönlichkeit ein, wie bei der Frau. Er bindet sich emotional dadurch nicht so nachhaltig wie sie. Die Sexualität ist im Leben eines Mannes zwar eine starke treibende Kraft, weil sie immer wieder drängend nach Befriedigung verlangt. Seine Persönlichkeit aber ist hauptsächlich von seinen beruflichen Interessen und seinem Engagement in der Arbeitswelt bestimmt.

Die weibliche Sexualität ist weniger durch äußere Reize und auch nicht so schnell entflammbar. Für die Frau ist das Wesen des Mannes ein wichtigeres Kriterium. Darauf richtet sich ihr Interesse zuerst. Und es braucht Zeit, bis sie aus dem, was er sagt und wie er sich verhält, Rückschlüsse auf sein Wesen ziehen kann. Etwas in ihrer Seele muß angesprochen werden, damit sie sich für ihn öffnen kann. Dabei öffnet sie sich zunächst nur gefühlsmäßig in dem Bemühen, sein Wesen zu erfassen. Erst wenn sie sich hier tief angerührt fühlt und sich verliebt hat, wächst in ihr die Bereitschaft, sich ihm auch körperlich zu öffnen.

Ihre körperliche Erregung steigt nur langsam. Dadurch kann die Frau das Geschehen steuern, denn sie ist gegenüber dem leidenschaftlichen Drängen des Mannes die Gewährende. Es kann nur das geschehen, was sie zuläßt. Um an sein Ziel zu kommen, muß sich der Mann auf die Wünsche der Frau einstellen. Er muß lernen, seine Erregung zu zügeln, damit sich ihre Erregung ganz entfalten kann und beide den Höhepunkt gemeinsam erleben. - Schon hier auf der körperlichen Ebene können Mann und Frau erfahren, daß Glück eine Frage von Bewußtheit ist. Wenn nämlich beide die geheimnisvollen und wunderbaren Möglichkeiten erlernen, die Gott in unseren Körper gelegt hat, und beide ihre Sexualenergie bewußt zu steuern wissen, dann können sie ein Vereinigungserlebnis genießen, das sie weit über die irdische Sphäre hinausträgt....
Es stärkt das Selbstbewußtsein des Mannes, wenn es ihm gelingt, die Wünsche der Frau zu erfüllen und sie glücklich zu machen. Dieser Erfolg macht auch ihn glücklich. So festigt sich die seelische Verbindung zwischen Mann und Frau, die über das rein körperliche Empfinden hinaus zu einer tieferen und vollkommeneren Erfüllung in der Sexualität führt.

Bei ihr wirkt die sexuelle Begegnung viel tiefer in die Persönlichkeit und das Leben hinein, als beim Mann. Sie öffnet nicht nur ihren Körper, sondern auch ihre Gefühle sehr tiefgreifend für ihn. Auch nach dem Höhepunkt, der bei der Frau in mehreren Wellen verlaufen kann, klingt bei ihr sowohl die körperliche wie auch die gefühlsmäßige Erregung nur langsam wieder ab, und ihre Gefühle bleiben für den Mann geöffnet, ja sie bindet sich emotional an ihn. Sie macht ihr Lebensglück von seiner liebevollen Einstellung zu ihr abhängig. Die Frau gibt sich im Geschlechtsakt viel tiefgreifender dem Manne hin, als er ihr. Denn ihr Leben wird sehr viel nachhaltiger von allen Begleiterscheinungen der Sexualität bestimmt, als das des Mannes. Für ihn behalten die beruflichen Erfordernisse Priorität. Der Erfolg hier ist ein entscheidender Faktor seines Selbstwertgefühls und seines Glücks. Zudem schafft er damit die materiellen Voraussetzungen, um die Wünsche der Frau auch auf anderen Gebieten erfüllen zu können und sich so ihre Bewunderung und ihre Gunst zu sichern. Sein Leben ist sachbezogen. Ihr Leben dagegen ist personenbezogen. Sie wird Mutter und der emotionale Mittelpunkt einer Familie. Ihr Glück wird von dem Wohlergehen ihrer Familienangehörigen abhängig und von der Harmonie in den Beziehungen zu ihren Lieben. Es wird ihre Aufgabe sein, diesen Bereich des Lebens zu managen.

## Das Einfädeln und Gestalten der Beziehung ist Frauensache.

Es beginnt damit, daß wir die Liebe, diesen entscheidenden Teil unseres Glücks, nicht mehr als eine Zugabe des Lebens betrachten, auf die wir, wie in Kindertagen, einen Anspruch haben, sondern daß wir darin eine herausfordernde Aufgabe sehen, in der wir unseren weiblichen Seelenflügel entwickeln können und die Spielregeln des Glücks vollkommener zu handhaben lernen. Es geht um ein Spiel mit Energien, die ihre Wurzeln im Geistigen haben. Mit unseren Einstellungen stellen wir die Weichen, wie das Spiel verläuft. Solange wir an Konkurrenz denken und den Männern zeigen wollen, daß wir selbst unseren Mann stehen und es beruflich mindestens ebenso weit bringen können wie sie, spielen wir auf der männlichen Kumpel-Ebene und stacheln auf beiden Seiten einen Ehrgeiz an, der im Berufsleben seinen Platz haben mag, der aber in der Liebesbeziehung verheerende Wirkungen hat. Als berufstätige Frauen haben wir diesen Geist jedoch sehr verinnerlicht, denn in der Männerwelt ist er unumgänglich. Deshalb neigen wir dazu, ihn verbiestert auch in unsere Liebesbeziehung hineinzutragen und den Liebreiz des Weiblichen, diese für den Mann so anziehende und inspirierende, geheimnisvoll ganz andere Energie, zu verlieren.

Die erste entscheidende Hürde ist deshalb, hier eine geistige Beweglichkeit zu gewinnen, die mit spielerischer Leichtigkeit souverän jederzeit in die weiblichen Energien des Loslassens, Zulassens und Überlassens umschalten kann. Dazu muß unser Selbstbewußtsein eine **höhere** Stufe erreicht haben, als es im beruflichen Konkurrenzkampf notwenig ist. Wir haben schon darüber gesprochen, daß weibliches Selbstbewußtsein seine Kraft aus der innigen Verbindung mit seinem höheren Selbst bezieht. Dieses Selbst ist es, dessen wir uns durch unsere Liebesbeziehung mehr und mehr bewußt werden.

Weibliches Selbstbewußtsein zeigt seine Stärke in der Fähigkeit, in Harmonie zu sein mit dem, was ist. In der Liebesbeziehung läßt die Frau ihren Partner nicht nur in seiner männlichen Energie sein, sondern sie unterstützt ihn darin und pflegt das, worin sie sich ausdrückt: Sie geht mit seinem Selbstwertgefühl pfleglich um. Weil sie ihr eigenes Selbstwertgefühl aus einer unerschöpflichen Quelle speist, ist sie reich und kann das Selbstwertgefühl ihres Mannes füttern.

Das beginnt schon beim Einfädeln der Beziehung. Die Frau wählt den Mann aus, für den sie sich interessiert. Aber sie überläßt ihm die Initiative. Auf mannigfaltige Weise kann sie ihm Signale geben, die ihn ermutigen, mit ihr anzubandeln. Blicke und zulächeln können am deutlichsten zeigen, daß er bei ihr willkommen wäre. Auch seine Hilfe in Anspruch nehmen und ihn dadurch in seiner männlichen Kompetenz bestätigen, kann ein Wink für ihn sein. Frühere Frauengenerationen ließen z.B. Taschentücher fallen, um ihren Erwählten zu animieren, es aufzuheben und mit ihnen in Kontakt zu treten. So etwas würde heute wohl nicht mehr funktionieren, weil die Frauen es den Männern abgewöhnt haben, sich "ritterlich" zu verhalten.

Denn es sind die Frauen, die den "Geist" bestimmen, der im Umgang der Geschlechter herrscht. Die männliche Dynamik trägt die Initiative vor. Weil die Frau die Gewährende ist, kann sie die Dinge in ihrem Sinne lenken. Dieses energetische Spiel funktioniert nicht mehr, wenn es die Frau ist, die bei der Partnerwahl die Initiative ergreift. Heute scheint es leicht möglich zu sein, daß Frauen, wenn sie - wie schon immer - ihre Wahl getroffen haben, nun männlich aktiv werden und ihren Wunsch selbst in die Tat umsetzen. "Ich will dich", hört man sie in Filmen dann oft brutal direkt sagen. Auch wenn das sicher nicht die Norm ist, ist die künstlerische Form des Films doch ein Ausdruck für die geistigen Tendenzen, die heute den Umgang der Geschlechter bestimmen. Sie haben eine sehr nachteilige Wirkung. Denn im energetischen Spiel des Lebens berauben wir Frauen uns dadurch der Macht, den männlichen Tatendrang zu beeinflussen und ihn auf die Wege zu lenken, die dem Leben nützen. Der scherzhafte Spruch von Männern "Frauen und Seife verderben den Alpinismus", verdeutlicht an einem einfachen Beispiel, was gemeint ist. Wenn Frauen dabei sind, müssen Männer sich auch unter den rustikalen Bedingungen alpinen Hüttenlebens zivilisiert verhalten und dürfen z.b. Körperpflege und Tischmanieren nicht in dem Maße vernachlässigen, wie sie es sonst wohl gerne tun würden. Weil Männer den Frauen imponieren und ihre Gunst gewinnen wollen, sind sie bereit, die Wünsche der Frauen zu erfüllen.

Diese Gelegenheit schaffen Frauen nicht, die sich selber nehmen, was sie wollen. Sie verdrängen den Mann aus seiner initiativen Rolle. Diese Form weiblichen Selbstbewußtseins entmachtet den Mann und trifft ihn an seinem empfindlichsten Punkt, seinem Selbstwertgefühl. Denn seinen Wert fühlt er am deutlichsten, wenn er einer Frau mit seinen vielfältigen Potentialen imponieren kann. Diese Gelegenheit müssen wir Frauen in unserer Einstellung und unserem Herzen schaffen, um Königin im Herzen unseres Partners und inspirierend weiblich für ihn zu sein. Die Identitätskrise der Männer, von der heute zuweilen die Rede ist, hängt damit zusammen, daß sie sich nicht mehr zuverlässig in den anerkennenden und bewundernden Blicken von Frauen spiegeln können.

Für einen Mann "aufregend weiblich" zu sein, hat nur oberflächlich etwas mit hautengen Kleidern und Make-up zu tun. Das sind nur die äußeren Signale, mit denen das Interesse des Mannes geweckt werden kann. Um ihn auch seelisch an sich zu binden, muß eine Frau mehr investieren. Ein Mann fühlt sich geliebt, wenn er in seinen Fähigkeiten anerkannt und gelobt wird. Also muß sich eine Frau klar darüber sein, welche Eigenschaften sie bei einem Mann bewundernswert findet, um bei ihrer Partnerwahl danach Ausschau zu halten und sie zum Kriterium ihrer Wahl zu

machen. Dieses "Qualitätsbewußtsein" gibt den Frauen ein In-
strument in die Hand, mit dem sie schon immer einen mächtigen
Einfluß auf die Geschicke des Lebens ausgeübt haben, im positiven wie auch im negativen Sinne. Denn die Frauen sind es, die
die Wertmaßstäbe vorgeben, nach denen sich die Männer richten
müssen, wenn sie den Frauen imponieren wollen.

Heute spielt der Wertmaßstab "Gleichheit" bei den Frauen eine
große Rolle, und die Männer beginnen, sich mehr und mehr danach zu richten: Sie steigen aus ihrer angestammten Männerrolle
aus und übernehmen nicht mehr selbstverständlich die Verantwortung für die materielle Versorgung der Familie. Im Ausgleich
dazu finden sie sich manchmal bereit, einen Teil der angestammten Frauenrolle in Haushalt und Kinderbetreuung zu übernehmen. Wenn sie dabei aber zu "Softis" werden, ist es den
Frauen auch wieder nicht recht.

Das energetische Spiel der Geschlechter, das seine Dynamik
aus dem wesenhaft Unterschiedlichen bezieht, ist abgeflacht und
hat an positiver Spannung verloren. Die negativen Spannungen
aber haben zugenommen und führen immer regelmäßiger zum
Scheitern der Beziehung. Das Spiel funktioniert nicht, wenn die
Spielregeln nicht eingehalten werden. Der Schlüssel liegt bei uns
Frauen. Wir haben unsere Macht noch nicht begriffen, mit der wir
das Leben schon immer beeinflußt haben. Es ist an der Zeit, uns
dieser Macht bewußt zu werden und sie ins Positive zu wenden.

Dazu brauchen wir eine positive Einstellung. Viele Frauen verbinden mit ihrem "Qualitätsbewußtsein" die Vorstellung, daß sie
die störenden Eigenschaften, die sie bei ihrem Partner erkennen
können, ihm schon abgewöhnen werden, sobald sie erst mit ihm
verheiratet sind. Vorsicht !!! Damit bahnen sie bereits den Anfang

vom Ende der Liebesbeziehung an. Auf seine negativen Eigenschaften focussiert, wird die Frau dauernd an ihrem Mann herumnörgeln, dadurch sein Selbstwertgefühl angreifen und seinen Widerstand wecken, und sie wird deshalb keine nennenswerten Erfolge erzielen. Sie gibt seinen negativen Eigenschaften ihre geistige Energie und verstärkt sie dadurch. Frustriert werden bei beiden Liebe und Begeisterung füreinander schwinden.

Die Frage, über die sich eine Frau bei der Partnerwahl klar werden muß, heißt deshalb stattdessen: "Hat der Mann so viele positive Eigenschaften, daß ich mit den Macken leben kann, die für mich jetzt schon sichtbar sind ? Bin ich bereit, was dadurch auf mich zukommt, immer wieder zu verzeihen und loszulassen, um jeden Tag neu den Boden zu bereiten, daß Liebe, Wohlwollen und Anerkennung zwischen uns wachsen können ?" Das ist die Investition, durch die die Frau nicht nur sich selbst einen unschätzbaren Dienst erweist, denn sie reinigt ihre Seele und befreit sie von altem Konfliktpotential. Dadurch "schmückt" sie ihre Seele auch und macht sie unwiderstehlich für ihren Mann. Seine anfängliche Begeisterung, die vielleicht durch ihre optischen weiblichen Reize hervorgerufen wurde, wächst mehr und mehr und erfaßt immer tiefere Schichten seiner Seele, denn er fühlt sich in seinen positiven Seiten gesehen und wird alles daransetzen, sie weiter auszubauen, um noch mehr "Applaus" zu bekommen. Dieser ideelle Lohn inspiriert sein positives Ego, und wie einem Künstler auf der Bühne macht es ihm Freude, seine Talente auszuschöpfen und sein Bestes zu geben. Alles, was er dadurch in seinem Berufsleben erwirtschaftet, legt er der "Königin seines Herzens" zu Füßen, um ihre Wünsche zu erfüllen und die Freude zurückzugeben, die er durch sie empfängt. Dabei bleibt er offen für ihre Wertmaßstäbe und bereit, sie in sein Handeln einzubeziehen.

## Das Geheimnis einer glücklichen Beziehung

So ist das "Rezept" für eine glückliche Beziehung eigentlich ganz einfach, wie all die selbstregulierenden, natürlichen Systeme, mit denen Logos Lebendigkeit und Wachstum in Gang hält.

Der "Motor" des Mannes ist sein Selbstwertgefühl und sein Streben nach Erfolg. Wenn er liebt, möchte er bei seiner Frau Erfolg haben. Er möchte sie glücklich machen. Das tut er nach seinem Verständnis und mit seinen Mitteln. Durch die Früchte seiner Arbeit möchte er ihre Wünsche erfüllen. Um ihr zu imponieren, würde er "die Sterne vom Himmel herunterholen". Er würde das Unmögliche möglich machen. So zeigt der Mann seine Liebe auf seine Weise, indem er sich bei seiner Arbeit anstrengt, seine Talente und Fähigkeiten entfaltet, seine Interessen ausweitet und in seiner Berufstätigkeit so viel Geld verdient, daß er mit links alle Wünsche seiner Frau erfüllen kann.

Diesen Motor würgen wir Frauen ab, wenn wir von ihm verlangen, daß er auf unsere Weise liebt und sich vor allem verständnisvoll, einfühlsam und mitfühlend zeigt, und wenn wir unzufrieden sind und sauer reagieren, weil er das nicht tut. Diese weibliche Art zu lieben ist ihm jedoch mehr oder weniger fremd. Er versteht gar nicht, was die Frau immer will. Er strampelt sich ab und gibt alles, was er hat. Trotzdem hat er keinen Erfolg bei ihr, denn sie ist immer noch nicht zufrieden und nörgelt herum. Beide Seiten sind enttäuscht und unglücklich. Er hat als "Trost" aber immerhin seinen Erfolg im Beruf. Vielleicht legt er sich hier sogar noch mehr ins Zeug, damit die Frau endlich sieht, wie toll er ist, oder damit er den Mangel an Erfolg im privaten Bereich weniger spürt. Die Frau aber leidet echt, denn ihr Glücksempfinden ist in besonderem Maße von einer harmonischen Beziehung abhängig. Deshalb klagt sie ja auch ein mitfühlenderes, sozusagen "weibliches" Verhalten ihres Mannes ein ! Aber gerade diese unrealistische Erwartung ist der Grund dafür, daß es nicht klappt. Sie will den Fisch fürs Bergsteigen begeistern. Als Ergebnis finden wir Enttäuschungen auf beiden Seiten, und über kurz oder lang ist die Liebe aus der Beziehung verschwunden.

Natürlich ist es die Frau, die es als erste spürt und in besonderem Maße darunter leidet. Nachdem sie vergeblich alles versucht hat, ihren Mann in ihrem Sinne zu verändern, ist in der Regel sie es, die nun die Konsequenzen zieht und sich von diesem "unsensiblen Holzklotz" trennt. Nicht selten wird der Mann von diesem Schritt völlig überrascht, weil er für die lange schon schwelende Unzufriedenheit seiner Frau beim besten Willen kein Verständnis aufbringen kann. Aus seiner Sicht hat er doch wirklich alles in seiner Macht stehende getan.

Mit mehr Einfühlsamkeit für die männliche Natur müssen wir zugeben, daß das stimmt. Nur unsere unrealistische Gleichheitsvorstellungen und die daherrührenden Erwartungen stehen unserem Herzensbedürfnis nach einer harmonischen Beziehung im Wege. Unsere Einstellungen haben zwar die Macht, das zu erschaffen, was wir erleben, sie haben aber nicht die Macht, die durch Logos geschaffene Realität zu verändern. Wir verschwenden unnötig viel Kraft in dem vergeblichen Bemühen, die Realität (z.B. die männliche Natur) unseren Vorstellungen anzupassen. Wenn wir leicht und erfolgreich unsere Ziele erreichen wollen, müssen wir danach trachten, unsere Vorstellungen mit der Realität in Einklang zu bringen. Gerade unsere Mißerfolge können wir als Hinweise nutzen, wie wir unsere Einstellungen verändern müssen, um durch Übereinstimmung mit Logos das Schöpfungspotential anzuzapfen, mit dem wir unsere Wünsche sicher verwirklichen können.

So fragen wir nun, wie eine Frau bei der Gestaltung ihrer Liebesbeziehung erfolgreicher mit den emotionalen Energien spielen kann, so daß die Liebe nicht schwindet, sondern mit den Jahren immer mehr wächst und sich vertieft. Eine Spirale des Glücks kann sie in Gang setzen, wenn sie die positive Energie ihres Mannes aufnimmt und sie verstärkt. (Abb. 18) Wie macht sie das ? Sie geht einfühlsam und liebevoll mit seinem Selbstwertgefühl um und unterstützt es wo immer möglich. Ihre Anerkennung ist die Zündkerze an seinem Motor, ihre Bewunderung ist für ihn Quelle der Kraft und Inspiration. Ihre Zufriedenheit stärkt sein Selbstbewußtsein und gibt seinen Anstrengungen Sinn und Bedeutung über das rein Materielle hinaus.

Auf diese Weise wachsen beide Partner auf einer tieferen, geistig-seelischen Ebene zusammen. Sie ist der Nährboden für eine glückliche Vervollkommnung des Lebens auf allen seinen Ebenen: Auf der körperlichen Ebene wachsen Kinder nicht nur in wirtschaftlich soliden, sondern auch in emotional gefestigten Verhältnissen heran. Am Modell der Eltern können sie das schöpferische Zusammenspiel männlicher und weiblicher Energien erfahren und dabei Wesentliches über die Gesetze des Universums lernen. Auf der seelisch-geistigen Ebene wächst beim Mann das positive Ego und damit das Know-how, mit dem Kausalgesetz schöpferisch umzugehen. Wohlstand entsteht, und das Glück erhält durch die Erfüllung materieller Bedürfnisse und persönlicher Wünsche eine reale Grundlage.

**Abb. 18** Die Spirale des Glücks - das Geheimnis einer glücklichen Beziehung

156

Bei der Frau wächst die Fähigkeit zu lieben und den Segen des Himmels in die Familie und friedvolle Verhältnisse auf die Erde zu holen.

Denn der Ansatzpunkt, um das Spiel mit den emotionalen Energien in dieser Weise erfolgreich lenken zu können, liegt in der Fähigkeit der Frau, mit den eigenen negativen Emotionen intelligent umgehen zu können und alles daran zu setzen, sie aufzulösen. Indem sie lernt, ihr negatives Ego loszulassen und sich aus seinen schmerzvollen Begrenzungen zu befreien, beginnt sie mit der Liebe bei sich selbst. (Abb. 10, S. 98) Sie findet zu höchster Selbst-Verwirklichung in dem Maße, wie es ihr gelingt, ihr Inneres immer so "aufzuräumen", daß sie loyal und offen für ihren Mann bleiben und liebevoll anerkennend sein Selbstbewußtsein pflegen kann. Gleichzeitig leistet sie einen unschätzbaren Beitrag zum Gelingen des Lebens, denn sie befreit ihr Leben und das ihrer Lieben von den Altlasten im Zwischenmenschlichen. Sie korrigiert und verhindert dadurch negative Entwicklungen und hält für alle den Kurs auf die ewigen Werte des Lebens. Dadurch arbeitet sie für das Glück in seiner ewigen Dimension. Die Werte, die sie dabei schafft, sind zwar unsichtbar, aber es sind bleibende und unvergängliche Werte. Denn das einzige, was uns über den Tod hinaus erhalten und **weiterhin schöpferisch** bleibt, ist unser Bewußtsein.

Durch die Liebe wird es gereinigt. Bei allen Konflikten, die unserer Liebe im Wege stehen, ist immer ein festgefahrener Standpunkt im Spiel, mit dem unser negatives Ego in uralter Gewohnheit sein Leben verteidigen will. Aus dieser Gewohnheit, die ein Ausdruck unserer Unbewußtheit ist, steigen wir aus. JETZT schauen wir bewußt hin und nehmen besonders unsere negativen Gefühle unter die Lupe: "Ich rege mich furchtbar auf, wenn

157

mein Mann immer wieder die Zahnpastatube nicht zumacht und den Klodeckel offenstehen läßt". Welche Gedanken und Wertungen stecken hinter diesen heftigen Gefühlen ? "Mein Ordnungssinn ist gestört. Aber noch unerträglicher finde ich, daß er sich über meine Wünsche einfach hinwegsetzt, denn ich habe ihm schon hundertmal gesagt, daß ich es so nicht will". Jeder kennt aus eigener Erfahrung zahllose Beispiele, wie aus "Kleinigkeiten" im Alltag riesige Konflikte entstehen können. Der gewohnte Lösungsversuch richtet sich immer erst einmal nach außen, um bei dem anderen Einsicht und Verständnis herbeizuführen und so über die Vernunft eine Harmonisierung zu erzielen. In alten Konfliktsituationen klappt das aber nicht so ohne weiteres. Denn Thema sind nicht wirklich die Zahnpastatuben oder die Klodeckel, sondern alte Verletzungen, die noch nicht verziehen sind und sich nun ein Ventil gesucht haben. Deshalb führen diese endlosen Diskussionen, die das Ziel haben, den anderen zur Vernunft und zum Einlenken zu bringen, leider oft nicht zum Erfolg. Nur Verzeihen kann hier eine Lösung bringen, um das aus alten Zeiten noch Unverziehene aus der Welt zu schaffen.

Verzeihen heißt, bisherige Einstellungen loslassen und einsichtsvollere Gedanken wählen: "Ich lasse ihn so sein, wie er ist. Für mich ist es eine Kleinigkeit, die Zahnpastatube geschwind zuzudrehen und den Klodeckel zu schließen. Wenn sie mal offen bleiben, ist es auch nicht so schlimm. Ich verzeihe ihm, daß er auf diese hilflose, unbewußte Weise alten unaufgelösten Groll ausleben muß. Diesem Teufelskreis gebe ich keine neue Nahrung. Jetzt befreie ich uns beide aus der alten Tretmühle des Hasses."
Diese Veränderung der Einstellung ist eine **bewußte Wahl** und eine **willentliche Entscheidung**, ein vernünftiger Ausstieg aus

den alten Mustern des Leidens. Einsicht ist die Grundlage dieser Veränderung. Es ist das, was wir von unserer Seite aus dazu beitragen können, um einen Konflikt aufzulösen. Immer wieder müssen wir wach sein, um im entscheidenden JETZT die alte Gewohnheit verlassen und die veränderte Einstellung bewußt wählen zu können. Denn die alten Gefühle, die Wut und die Empörung oder die Traurigkeit und die Depression, sind noch nicht gleich verschwunden. Eine tief eingeschliffene Gewohnheit läßt sich nicht so leicht löschen.

Diese Macht steht uns sowieso nicht zur Verfügung. Hier spielt **Gnade** eine Rolle. Deshalb ist es so wichtig, bei diesem inneren Prozeß immer wieder unsere persönliche Verbindung zu Gott in Anspruch zu nehmen und unser höheres Selbst um Hilfe zu bitten. Dabei überlassen wir es vertrauensvoll ihm, nachdem wir unseren Teil getan haben, daß der Konflikt geheilt und daß alle geistigen Muster für negative Emotionen, diese alten Ablagerungen aus grauen Vorzeiten, nach und nach gelöscht werden. Das kann nur Gott ! Wenn diese alten Ursachen aus dem Weg geräumt sind, gibt es über Klodeckel und Zahnpastatuben keine Diskussionen mehr. Warum sollte er ihre Wünsche nicht erfüllen ? Wenn es weiter nichts ist !

Langfristig erreichen wir also auch mit den weiblichen Mitteln unsere Ziele, d.h. wenn wir den Prozeß mit Liebe steuern. Liebe wirkt wie die Kraft des Wassers: Beständig fließt es, Widerständen weicht es aus und umspült sie behende, es läßt sich dadurch in seinem Fluß aber nicht aufhalten. So formt das Wasser auf lange Sicht alles, womit es in Berührung kommt. Es gräbt Flußtäler in die Landschaft und prägt sogar harten Felsen sein Wesen auf, indem es auch in dem widerspenstigsten Material weiche, runde, harmonische Formen hervorbringt.

Mit ebenso unwiderstehlicher Kraft können wir Frauen das Leben prägen, wenn wir uns im Dienste der Liebe eine geistige Beweglichkeit im Umgang mit unseren Einstellungen aneignen. Es sind nicht unbedingt unsere Einstellungen selbst, die wir dabei zur Disposition stellen. Wenn wir Widerstände "umfließen", lassen wir nur unseren Wunsch los, sie jetzt durchzusetzen. Eine schwache Frau klebt an ihren Vorstellungen und wird deshalb auf jeden Fall leiden. Sie leidet, wenn sie nachgeben muß, ohne es auch für sich selbst als einen Schritt zu geistiger Reife und innerer Befreiung zu befürworten. Sie leidet aber ebenfalls, wenn sie ihre Vorstellungen durchsetzt und dadurch in Konflikt mit ihrem Mann gerät, der auf lange Sicht bis hin zur Scheidung führen kann. Eine starke Frau weiß, daß sie das Glück der Liebe nur um den Preis ihres negativen Ego haben kann. Solange sie darin noch keine Erfahrung hat, scheint dieser Preis unzumutbar hoch zu sein. Die "Todesangst" des negativen Ego drückt sich darin aus.

Wenn sie mutig diese Hürde aber erst ein paarmal genommen und die Grenze ihrer Persönlichkeit übersprungen hat, wird sie erkennen, daß der Gewinn den Einsatz mehr als lohnt. Ihr Selbstbewußtsein wächst, denn sie lernt, mit der Kraft und der Weisheit ihres höheren Selbst zu kooperieren. Sie fühlt sich innerlich freier, weil sie ihren negativen Gefühlen nicht mehr ausgeliefert, sondern mehr und mehr Herrin ihrer inneren Energien geworden ist. Gelassenheit und innerer Friede breiten sich in ihr aus. Sie kann allen Entwicklungen ihre Zeit lassen, weil sie mit dem allmächtigen Geist des Seins zusammenarbeitet und ihre Wünsche dort in besten Händen weiß. Tatsächlich führt ihre innere Einstellung dazu, daß sich ihr Mann in Liebe und Verehrung für seine Frau immer leichter öffnen und auf ihre Wünsche eingehen kann. Und immer leichter fällt es ihr, die Eigenarten ihres Mannes liebevoll anzunehmen und sie widerstandslos in ihre Einstellungen zu integrieren.

Nicht immer sind es nur solche Äußerlichkeiten wie die unterschiedliche Auffassung über Ordnungskriterien, die zu Konflikten führen. Manchmal werden tiefere Persönlichkeitsschichten zur Veränderung herausgefordert. Wenn z.B. der Beruf des Mannes einen Wohnortwechsel notwendig macht, und die Frau sich aus ihrem gewohnten Umfeld nicht lösen möchte. Wenn er das Flirten mit anderen Frauen nicht läßt. Wenn eine Verletzung oder Erkrankung des Partners dazu führt, daß gemeinsame Aktivitäten wie Sport, Reisen oder die Teilnahme an kulturellen Veranstaltungen nicht mehr möglich sind. "Das ist nun wirklich zu viel verlangt !" mag eine erste Reaktion sein. Wir glauben, daß es Grenzen gebe, die wir nicht überschreiten können. Darin drückt sich jedoch nur die Eigenart des negativen Ego aus, seine subjektiven Einstellungen unbedingt durchsetzen zu wollen. Objektiv gibt es keine Einstellung, die nicht verändert werden könnte. Demnach sind alle Probleme lösbar. Aber wir kleben an unseren Gedankenformen fest, obwohl sie doch die Ursache für unsere Leiden sind.
In unseren Beispielen leidet die Frau etwa durch folgende Gedanken: "Ich fühle mich so wohl in meinem hiesigen Bekanntenkreis. Mein gewohntes Umfeld aufzugeben, kommt mir vor wie eine Amputation. Dieses Opfer soll ich bringen, nur damit mein Mann seine Karriere verfolgen kann. Das ist unzumutbar für mich!" - "So nett, wie mein Mann zu anderen Frauen ist, zeigt er sich mir gegenüber nie. Ich mache ihm die Arbeit, und mit anderen Frauen amüsiert er sich. Wer weiß, was er noch mit ihnen

macht !?"- "Wie schön waren unsere gemeinsamen Erlebnisse beim Skifahren und Wandern in den Bergen ! Jetzt schleichen wir höchstens mal ein Stückchen durch den Stadtpark. Ich halte das nicht aus, so ein langweiliges Leben !!"

Mit solchen negativen Gedanken verursachen wir unsere Leiden. Das zu begreifen, ist das eigentliche Problem. Wenn wir diese Hürde genommen haben, können wir unsere alten Gedankenmuster durch positive, lebensbejahende Gedanken ersetzen: "Überall gibt es nette Menschen. Wir werden einen neuen Bekanntenkreis finden. Ich begrenze mich selbst, wenn ich mein Glück von meinem Umfeld abhängig mache. Ich bin dankbar für die Chance, diese alte Denkweise zu verändern und dadurch persönlich zu wachsen. Denn nur in meinem eigenen Denken kann ich das Wohlfühlprogramm und die heimatliche Geborgenheit schaffen, die ich jetzt zu verlieren glaube. Mit dem Umzug kommt wieder Spannung und Abenteuer in unser Leben. Außerdem sind unsere alten Freunden ja nicht aus der Welt. Wir bleiben in Verbindung mit ihnen."

"Ich gebe den Wunsch auf, meinen Mann besitzen zu wollen. Das Flirten mit anderen Frauen nimmt mir nichts. Er kommt dann immer gut gelaunt mit gehobenem Selbstbewußtsein zu mir zurück. Wenn ich ihn jetzt kritisiere, gebe ich ihm erst recht Anlaß, sich Selbstbestätigung bei anderen Frauen zu suchen. Ich freue mich über seine gute Laune und steige da mit ein. Schließlich bin ich selbst eine begehrenswerte und attraktive Frau. Dazu brauche ich nicht die Bestätigung von außen. Ich weiß es, weil mein Selbst göttlich ist und ich es mehr und mehr verwirkliche."

"Gottseidank ist seine Verletzung wieder so weit geheilt, daß wir vorsichtig ein bißchen spazieren gehen können. Ich habe gar nicht gewußt, wie schön unser Stadtpark ist. Immer wieder stärke ich den Glauben meines Mannes an seine vollkommene Wiederherstellung und helfe ihm, dieses Ziel in lebhaften Bildern zu visualisieren. Denn Gesundheit beginnt im Kopf. Ich ermutige ihn, in seiner Vorstellung zu erschaffen, was er sich diesbezüglich wünscht, und gewiß zu sein, daß die Kraft seines Glaubens der entscheidende Faktor bei seiner Gesundung ist."

## Liebe als Willensakt

Wenn wir die schöpferische Macht unseres Denkens erst einmal begriffen haben, können wir mit etwas Übung ebenso leicht eine optimistische, liebevolle, lebensbejahende Einstellung schaffen, wie wir bisher gewohnheitsmäßig einer nachteiligen, einengenden, lebensverneinenden Denkweise gefolgt sind. Nur der Umstieg von der einen Gewohnheit in die andere bedarf einiger Anstrengung und Konzentration und ist deshalb eine Frage unseres Willens. Immer wieder müssen wir unsere Gedanken im JETZT fokussieren und uns für die Einstellungen entscheiden, mit denen wir das erschaffen, was wir wollen.

Die Freiheit des Willens ist deshalb das wunderbarste Geschenk, das Gott uns gegeben hat. Es bürdet uns gleichzeitig aber auch die schwerste Verantwortung auf. Denn die Gestaltung unseres Lebens hängt dadurch ganz und gar von uns selbst ab. Wir dürfen wählen, was wir wollen. Dabei werden wir von unserem Bewußtsein bestimmt und sind nun auch seinen Fehlern ausgeliefert, deren folgenschwerster die Unbewußtheit ist. Wieder ist es unserem freien Willen überlassen, ob wir lernen und unsere Unbewußtheit überwinden wollen, oder ob wir weiterhin leiden. Wir entscheiden uns je nach unserem Bewußtsein.

So ist die Form unseres Bewußtseins gleichzeitig das Mittel und der Zweck unseres Lernens. Weg und Ziel sind eins, so wie der Schöpfergeist Gottes und die Schöpfung eins sind. Wir sind nach demselben Bilde gemacht: Wir erschaffen uns selbst (unsere Persönlichkeit) durch unser Bewußtsein. Auf der Suche nach Glück, nach der Vollkommenheit des Paradieses, ist unser Wille frei, sich seinen Weg des Lernens selbst zu bahnen. Das Ziel aller Lernziele aber bleibt ewig und immer dasselbe: Die Verwirklichung der Einheit von Logos und Liebe.

Obwohl immer dasselbe, ist das Ziel jedoch nicht statisch. Es bleibt vielmehr ein lebendiger Prozeß wie das Balancieren auf einem Seil. Ob und wie wir diese hochbeglückende Kunst erlernen, ist eine Frage unseres Willens.

Bei unseren Übungen im "Seiltanz" von Logos & Liebe geraten wir durch Meinungsverschiedenheiten immer wieder in Gefahr, nach der Seite unserer Rechthabereien hin abzustürzen. Denn unser negatives Ego ist bedenkenlos bereit, in einen offenen Meinungskampf einzutreten. Automatisch stellt es uns die Waffen zur Verfügung und gibt uns alle Argumente in den Kopf und auf die Zunge, mit denen wir uns widersetzen und danach trachten, recht zu haben und das "Gefecht" zu gewinnen. Wir Frauen können furchterregende Gegner sein, denn unsere angeborenen weiblichen Fähigkeiten verwandeln sich unversehens in spitzige Waffen, wenn wir in Harnisch geraten. Wir sind dann zum Beispiel wortgewandter als unser Gegner, wir blicken besser durch, wir haben ein sichereres Gespür, wie wir seine Schwachpunkte treffen können, das Thema betrifft uns vielleicht mehr, und die ganze Wucht unserer Emotionen ist an der Auseinandersetzung beteiligt. Für diese streitbare Weiblichkeit hat die Mythologie das Bild der **Amazone** geprägt. Sie kämpft gegen den Mann, und es gelingt ihr auch, ihn zu besiegen.

Was aber nützt uns Frauen der Sieg in einem Gefecht, wenn wir den "Krieg" dabei verlieren ? Wenn wir die Liebe, die Verehrung und die Begeisterung unserer Männer so nicht gewinnen können ? Alle unsere Argumente mögen sehr intelligent sein. Aber es ist nicht immer klug, damit vorzupreschen. Anstatt einfühlsam mit dem Selbstwertgefühl unseres Partners umzugehen, greifen wir es an. Denn wir wollen ihm zeigen, daß er unrecht hat, daß er etwas falsch sieht, daß er Defizite hat. Je schwächer sein Selbstwertgefühl entwickelt ist, umso leichter fühlt er sich angegriffen. Je labiler es ist, umso mehr muß er sich aufspielen, umso gewaltiger und furchterregender muß er auftrumpfen, um männlich zu dominieren und sein Selbstwertgefühl zu behaupten. Warum tun wir uns das an ? Selbst wenn wir auf diese Weise unsere Ziele durchsetzen, was nützen sie uns ? Wir verlieren das weiblich Anziehende für unseren Partner, und er geht innerlich auf Distanz. Auch wenn wir uns durch Rechtfertigungen verteidigen und in die Defensive gehen, nehmen wir amazonenhaft eine kämpferische Haltung ein. Wir gewinnen dabei vielleicht den Respekt unseres Partners, aber nicht unbedingt seine Liebe und sein Vertrauen. Was ist uns wichtiger ? Was wollen wir ?

Wir wollen Liebe, das ist keine Frage. A priori schwimmen wir in einem Meer von Liebe, denn die ganze Schöpfung geht aus dieser mächtigsten, alles bewirkenden Energie hervor. Aber wir sind uns dessen nicht bewußt. Die Tatsache, daß wir mit Körper, Seele und Geist ausgestattet sind und uns die Erde als "Spielwiese" zur Verfügung steht, um unsere göttliche Natur zu erkennen und richtig mit dieser phantastischen Möglichkeit umgehen zu lernen, ist ein Geschenk der Liebe. Wir können es jedoch nur in dem Maße genießen, wie wir es in unserem Bewußtsein nachgeschaffen haben. Wir bekommen immer nur genau das, was wir durch unsere Einstellungen an Verstehen in uns aufgebaut haben.

Wenn wir verstehen wollen, müssen wir uns konzentrieren. Wille und Konzentration sind der "Saugmechanismus", durch den wir aus dem Meer unserer Erfahrungen die geistige Essenz herausziehen, die unser Bewußtsein aufbaut, unsere Einstellungen formt und damit unsere Persönlichkeit bildet. Auch wenn wir in der Schöpfung von unendlicher Liebe umgeben sind, müssen wir sie uns geistig erst aneignen, bevor wir sie bewußt genießen können. Was wir geben, sind Wille und Konzentration, um richtige Einsichten zu gewinnen und mit vernünftigen Einstellungen unser Leben zu gestalten. Durch diesen Einsatz erschaffen wir, was wir empfangen, nämlich die Lebensqualität, die unserem Bewußtsein entspricht. Auf dieses geistige Gesetz weist schon Christus hin, wenn er sagt: "Denn wer da hat, dem wird gegeben, daß er die Fülle habe; wer aber nicht hat, von dem wird auch das genommen, was er hat." (Matth. 13,12)

So sind in der Schöpfung Geben und Empfangen eins. In dieser Gleichzeitigkeit liegt das Mysterium des Lebens. Wenn wir also empfangen wollen, müssen wir uns stark machen, um geben zu können. Das gilt im geistigen ebenso wie im materiellen Bereich. Beim Kaufen geben wir mit dem Geld den Lohn für unsere Arbeit, um das Erwünschte zu erwerben. Entwicklungshilfe fällt in ein Faß ohne Boden und verpufft, wenn die Empfänger sich nicht selbst das Know-how des Gegebenen aneignen. Almosen können sich zum Nachteil des Empfängers auswirken, wenn der sich dadurch verführen läßt, nicht mehr seinen vollen Einsatz zu geben, um aus eigener Kraft leben zu können. Schon der Säugling bekommt nur durch Saugen das, was er zum Leben braucht. Und die Milchproduktion braucht das Saugen, um richtig in Gang zu kommen. "Gib dem Hungernden nicht Fische, sondern eine Angel", sagt ein chinesisches Sprichwort. Auch wenn wir Liebe empfangen wollen, müssen wir einen Einsatz bringen. Wir müssen uns fähig machen, Liebe zu geben. Dazu ist es notwendig, die Hindernisse aus dem Weg zu räumen, die den Fluß unserer Liebe blockieren. Diese Barrieren baut unser negatives Ego auf. Wollen wir sie beseitigen ? Ist uns das Ziel diese Anstrengung wert ? Die Entscheidung trifft jeder selbst. Es ist eine Frage des Willens.

Wir brauchen einen sehr festen Willen und wachsame Konzentration, um den uralten Gewohnheiten unseres negativen Ego beizukommen. In dem notwendigen Ringen stellen wir uns jedoch nicht gegen unser negatives Ego ein, sondern wir kämpfen für die Reinigung unseres Bewußtseins, für das Glück, für die Harmonie und die Liebe in unserer Partnerbeziehung. Wir wollen Anja auf diesem Weg begleiten und uns anschauen, wie das in der Praxis aussehen kann.

# Anja

Anja ist Mutter von drei Kindern. Weil sie sich selbst um die Erziehung ihrer Kinder kümmern wollte, hat sie ihren Beruf als Direktrice in einem Modefachgeschäft aufgegeben und ist zu Hause geblieben. Das ist ihr nicht leicht gefallen, denn der Umgang mit Menschen und Mode hat ihr viel Spaß gemacht. Jetzt frönt sie ihrer Neigung nur noch als Hobby und macht Mode für sich und ihre Kinder. Mit Menschen hat sie es auch in ihrer Familie zu tun, und sie hat gemerkt, daß es eine wesentlich anspruchsvollere Aufgabe ist, hier immer für eine freundliche und wohlwollende Atmosphäre zu sorgen, als dies bei ihren Kundinnen im Geschäft der Fall war. Schon damals hatte es sich gezeigt, daß es ihr viel leichter fiel, ein positives Verkaufsklima zu schaffen und auch schwierige Kundinnen zufriedenzustellen, wenn sie selbst mit sich im reinen war. Und ihre innere Harmonie hatte sehr viel mit

Klaus zu tun, mit dem sie damals schon verlobt war und den sie später geheiratet hat. Wenn sie mit ihm Probleme hatte, war sie im Umgang mit ihren Kundinnen nicht sehr belastbar. Noch deutlicher merkte sie es später bei ihren Kindern, wenn sie schneller ungeduldig wurde und nicht so auf sie eingehen konnte, wie sie es gebraucht hätten. Dann hatte sie meistens Differenzen mit Klaus und war innerlich mit ihren Verletzungen beschäftigt, so daß sie ihren Kindern nicht die erforderliche Aufmerksamkeit entgegenbringen konnte.

Es waren immer wieder dieselben Themen, die sie emotional belasteten. Wenn Klaus sich zu oft für andere Frauen interessierte, wurde sie traurig. In Wut konnte sie geraten, wenn er angesichts ihres wohlgeordneten Haushalts fragte, was sie denn den ganzen Tag gemacht habe und wenn sie darin seine Überzeugung spürte, daß nur er wirklich gearbeitet habe. Richtig hassen konnte sie ihn, wenn er sie bevormundete. Dann machte er ihr Vorschriften, was sie zu tun und zu lassen hätte, so als wäre sie nicht selbst Frau genug, das zu entscheiden. Oft hatte sie den Eindruck, daß Klaus seinen Beruf mehr liebte als sie, und das machte sie eifersüchtig. Sie beneidete ihn, wenn er beruflich in der ganzen Welt herumreisen konnte und sie wegen der Kinder zu Hause sitzen mußte. Wie oft litt sie unter all diesen Gefühlen ! Ihre Anstrengungen, durch Lamentieren und Diskutieren bei Klaus Verständnis und Besserung zu erreichen, brachten keine nennenswerten Ergebnisse. Sie fühlte sich emotional mehr und mehr überfordert. So konnte es nicht weitergehen ! Sie wurde depressiv, weil sie keinen Weg aus ihrem Dilemma sah. Voller Angst lag sie oft nachts wach, weil sie sich der ganzen Situation nicht mehr gewachsen fühlte.

Etwas Erleichterung brachten ihr die Gespräche mit ihren Freundinnen. Hier konnte sie Ballast abladen und über ihre Gefühle sprechen. Ihre Freundinnen zeigten sehr viel Verständnis, weil sie alle in der einen oder anderen Form ähnliche Erfahrungen gemacht hatten und genau wußten, wie man sich in einer solchen Situation fühlt. Wenn sie zusammenkamen, ging es immer wieder um dieselben Themen, dieselben Probleme mit den Männern wurden gewälzt, man pflegte sich gegenseitig die Wunden durch das Mitgefühl der Freundinnen.

Aber Lösungen gab es nicht. Im Gegenteil: Die Gedanken drehten sich im Kreise. Alles war schon einmal gesagt und betrachtet worden. Das Dilemma grub sich bei Anja immer tiefer ins Bewußtsein und hing lähmend an ihr wie Bleigewichte bei allem, was sie beginnen wollte. Sie litt unter Einschlafstörungen und fand im Schlaf nicht die Erholung, die sie brauchte. Ganz erschöpft stellte sie irgendwann fest, daß etwas geschehen müsse.

Da fand sie in der Zeitung die Anzeige einer Yogaschule. Sie versprach, durch Übungen zu Entspannung und innerer Ausgeglichenheit anzuleiten. Das war es, was Anja jetzt brauchte. Schon in der ersten Stunde merkte sie, daß sie das Richtige gefunden hatte. Bei den Körperübungen wurde sie angeleitet, sich beobachtend nach innen zu wenden und sich liebevoll selbst zu begleiten bei allem, was sie erlebte. Die intensive Konzentration auf die Erfahrungen mit ihrem Körper befreite sie aus dem Karussell ihrer sorgenvollen Gedanken. Sie entdeckte, daß sie sich unter ihrer Last in den Schultern ziemlich verspannt hatte. Nach einer entsprechenden Übung konnte sie wahrnehmen, wie sie sich in diesem Bereich etwas freier und leichter fühlte. Nachdem sie durch die Leiterin darauf aufmerksam gemacht wurde, konnte sie nachempfinden, wie eng Körperhaltung und seelisches Befinden miteinander verbunden sind, denn sie spürte, wie durch die Auflockerung der Muskeln auch im Seelischen etwas in Bewegung kam. Das Beste war die Entspannungsübung zum Schluß. Anja konnte sich ganz fallen lassen und ist für einen kurzen Moment sogar eingeschlafen. Das sei zwar nicht der Zweck der Übung, meinte die Leiterin, die vollkommene Entspannung sei aber ein schöner Anfang, zu dem die wache Bewußtheit mit der Zeit schon noch kommen werde.

Anja ging ganz regelmäßig zu den Übungsstunden. Sie freute sich schon immer auf ihre "Insel" im Alltag und behütete diesen Termin sorgfältig vor Übergriffen aus ihrem Verpflichtungskatalog. Sie hatte auch kein schlechtes Gewissen dabei, denn sie merkte bald, wie gut es ihr tat. Und davon profitierte schließlich die ganze Familie. Zuerst war ihre "Insel" vor allem der Raum, in dem die Yogastunden stattfanden. Er umfing die Teilnehmer mit einer ganz eigenen Schwingung konzentrierter Stille. Mit den Jahren aber schuf Anja sich diesen Raum konzentrierter Stille in ihrem Innern, so daß sie "ihre Insel" immer bei sich trug. Denn sie hatte durch tägliches Üben gelernt, sich in jeder Situation aus den verwurstelnden Identifizierungen herauszulösen, um eine beobachtende, überblickende Haltung einzunehmen und lösungsorientiert nach vernünftigen Kriterien zu handeln. Den Überblick hatte sie gewonnen, weil ihr durch die Praxis des Yoga die inneren Zusammenhänge des Lebens anschaulich gemacht worden waren. Jetzt war das Leben nicht mehr ein chaotischer Haufen unverständlicher Erfahrungen, sondern sie hatte eine "Landkarte" an die Hand bekommen, die ihr Orientierung gab. Wenn sie sich jetzt Ziele setzte, konnte sie die Wege wählen, die sie zuverlässig dorthin führten, wohin sie wollte.

Sie wollte aus den emotionalen Löchern herauskommen, in die sie durch das Verhalten ihres Mannes immer wieder gestürzt wurde. Es war nicht leicht für sie gewesen, ihre Schuldzuweisungen und die Anstrengungen, ihren Mann zu verändern, aufzugeben. Lange genug hat sie es versucht. Die Ergebnisse zeigten ihr jedoch, daß ihre Anstrengungen nichts Positives bewirkten, im Gegenteil. Es hat sie an den Rand völliger Erschöpfung und ihre Ehe an den Rand der Scheidung gebracht. Dieses Leid im Nakken, machte sie offen für die Lösungsstrategien, zu denen sie im Yoga angeleitet wurde.

Anhand eigener Beobachtungen konnte sie wahrnehmen, wie ihre Gefühle durch ihre Einstellungen verursacht wurden. Regelmäßig nahm sie sich Zeit, um zunächst einmal im nachhinein ihre Gefühle zu betrachten und sich die dahinterstehenden Gedanken und Wertungen klarzumachen. Anfänglich hatte sie Angst, sich selbst so intim zu begegnen. Nur der feste Wille, aus ihren Schwierigkeiten herauszukommen, gab ihr den Mut, sich die Ursachen ihrer negativen Gefühle zeigen zu lassen: "Ich habe Angst, weil ich mich ausgeliefert und einsam fühle, wenn ich anerkenne, daß ich mir meine Schwierigkeiten durch meine Einstellungen selbst bereitet habe. Die Wahrheit anzusehen, kommt mich hart an. Immer wieder habe ich den Impuls, mich wie gewohnt anzulehnen und die Schuld bei meinem Mann und in meinen Lebensumständen zu suchen. Damit aber würde ich weiterhin den Kardinalfehler machen, meinen Anteil an meinem Leid zu leugnen, ich würde mir selbst fern bleiben und würde weiterhin leiden. Das will ich nicht mehr !!! Jetzt stelle ich mich der Wahrheit. Ich möchte mich von der schöpferischen Macht meiner Gedanken überzeugen und lernen, sie aus dem Negativen ins Positive zu wenden. Deshalb will ich jetzt meine Gefühle und ihre gedanklichen Ursachen beobachten."

Wieder und wieder traf Anja diese Entscheidung, um dann in ihre Erfahrungen hineinzugehen: "Als ich heute den Blick aufgefangen habe, den mein Mann der Verkäuferin zugeworfen hat, da empfand ich einen Stich im Herzen und mußte mit den Tränen kämpfen. Immer macht er nur anderen Frauen schöne Augen ! Ich kann mich wegen der großen Beanspruchung als Hausfrau und Mutter nicht so aufdonnern wie diese Zimtziege. Enttäuscht und traurig bin ich, weil mein Mann von solchen Äußerlichkeiten mehr beeindruckt ist, als von meinem Wesen."

"Heute kam Klaus nach Hause und warf sein Jackett im Flur einfach auf den Stuhl. Als ich ihn bat, es richtig aufzuhängen, meinte er: >Du mußt ja auch noch was zu tun haben.< Diese Bemerkung hat mich schrecklich wütend gemacht. Als ob ich nichts Besseres zu tun hätte ! Aber richtig gehaßt habe ich ihn, als er dann noch sagte: >Eine gute Hausfrau hängt die Sachen sowieso erst zum Lüften auf den Balkon. Das könntest du mit meinen Sachen ruhig auch mal wieder machen.< Jetzt hätte ich ihn in der Luft zerreißen können ! Und ich hatte das Bedürfnis, mich zu rechtfertigen. Wütend schleuderte ich ihm entgegen, daß ich die Sachen gerade vorgestern draußen gehabt hätte. Aber das sei ihm natürlich wie immer entgangen."

"Heute hat er aus New York angerufen. Als er von dem tollen Beiprogramm erzählte, zu dem ihn seine Geschäftspartner eingeladen haben, war ich richtig neidisch. Dabei hat er nur angerufen, um mir zu sagen, daß er drei Tage nach seiner Rückkehr wieder verreisen müsse, und ich nicht vergessen solle, den hellen Anzug von der Reinigung zu holen. Nach uns hat er sich kaum erkundigt. Schmerzliche Eifersucht fühlte ich bei dem Gedanken, daß wir ihm eben nicht so wichtig sind wie seine Geschäfte."

172

Regelmäßig zog sich Anja in ihr Inneres zurück und ließ sich durch ihre Gefühle zeigen, welche Einstellungen die Ursache für ihre Erlebnisse waren. Immer wieder konnte sie sehen, wie sie sich selbst durch die Art ihrer Erwartungen verletzbar machte. Klaus sollte nur Augen für seine Frau haben und sich eher von ihrem Wesen als von den Reizen anderer Frauen beeindrucken lassen. Diese Erwartung war gleich in zwei Punkten unrealistisch. Erstens wollte sie ihrem Mann ihre weibliche Sichtweise überstülpen. Zweitens sollte er ihren Mangel an Selbstwertgefühl auffüllen. "Ich höre auf, meinen Partner einzuengen und ihm aufzudrängen, wie er sich verhalten soll, damit ich mich geliebt fühle. Ich höre auf, ihn besitzen zu wollen."

"Hinter meiner Wut steckt die Erwartung, daß mein Mann sehen und anerkennen soll, mit wieviel Mühe und Einsatz ich den Haushalt manage. Seine Einstellung, daß nur er wirklich arbeitet, weil er das Geld nach Hause bringt, frustriert mich tief und macht mich wütend. Wenn er mir dann auch noch vorschreiben will, wie ich meine Arbeit einteilen soll, dann hasse ich ihn ! Er glaubt wohl, ich sei zu dumm dazu ! Dabei habe ich im Beruf bewiesen, daß ich keine Bevormundung brauche und mit viel Umsicht und Erfolg meine Aufgaben selbst organisieren kann. Dort wurden meine Fähigkeiten wenigstens anerkannt. Klaus weiß gar nicht, wie gut es ihm geht. Er kann sich beruflich entfalten, während ich wegen der Kinder auf meinen Beruf verzichten muß. Ich beneide ihn deshalb. Das alles frustriert mich sehr !

Die Bewertungen hinter meinen Erwartungen liegen aber noch tiefer. Unbewußt teile ich die Einstellung von Klaus und sehe nur in der Berufstätigkeit einen Wert. Oder unterstelle ich ihm diese Einstellung sogar nur ? Ist Klaus einfach nur ein Mann, der Freude an seiner Arbeit hat und seine Familie optimal versorgen möchte ? Ist mein Neid nicht ein Zeichen, daß ich meine Arbeit im Haus und mit den Kindern selbst nicht wertschätzen kann ? Aber von Klaus erwarte ich es ! Wie soll das funktionieren ? Jetzt erkenne ich, daß es meine eigene Unzufriedenheit ist, durch die meine negativen Gefühle verursacht werden. Ich stehe noch nicht wirklich mit ganzem Herzen hinter meiner Aufgabe. Und an Klaus lasse ich meine Unentschiedenheit aus. Deshalb trage ich ihm auch eifersüchtig nach, daß er seine Zeit viel lieber mit Geschäften verbringt, als mit seiner Familie. Auch darin erkenne ich jetzt meine Bewertung, daß ich Berufstätigkeit viel interessanter und wertvoller finde, als Hausfrau und Mutter zu sein.

Natürlich bin ich in dieser Einstellung sehr stark durch den Zeitgeist geprägt. Seit Jahren wird einem diese Wertung durch Filme, Fernsehdiskussionen, Zeitungsartikel, Werbung und zahllose öffentliche und private Äußerungen nahegebracht. Wenn alle so denken, übernimmt man es einfach. Jetzt erkenne ich, wie diese Einstellung in meinem Leben schöpferisch wird, jedoch nicht im Sinne meines Glücks. Ich treffe JETZT meine eigenen Entscheidungen und höre JETZT auf, mich an die Meinung anderer anzuschließen, um Sicherheit zu erlangen.
Im Grunde haben meine negativen Gefühle eigentlich nur eine Ursache: Bisher war ich mit mir selbst noch nicht im reinen. Meine Arbeit in Haus und Familie konnte ich nicht mindestens ebenso wertvoll finden, wie meine Berufstätigkeit. Und diese Einstellung wurde schöpferisch: Ich erwartete nämlich von meinem Mann und meiner Familie für mein "Opfer" wenigstens Anerkennung und Würdigung. Weil sie mir meinen Mangel nicht in dem gewünschten Maße auffüllten, reagierte ich sauer und machte meiner Unzufriedenheit durch ständige Nörgeleien Luft. Mein armer Mann bekam alles ab. Vielleicht flirtet er deshalb so gern mit anderen Frauen ? Kunststück ! Mit ihnen gibt es ja auch nicht

solche Belastungen. Ich aber fühle mich dadurch in meinem Selbstwert noch mehr angegriffen. Die Ursache dafür liegt jedoch nur vordergründig in dem Verhalten von Klaus. Im Hintergrund ist meine innere Einstellung dafür verantwortlich. Sie manifestiert sich und erschafft die Situation, unter der ich leide. Ich bin mir meines Wertes selbst nicht bewußt, sondern mache ihn ganz und gar von der Anerkennung anderer abhängig, besonders von der meines Mannes.

Ich höre JETZT auf, meine Integrität zu verletzen, um die Anerkennung der anderen zu gewinnen. Ich gebe JETZT den Gedanken auf, daß ich für meinen Einsatz einen Gegendienst nach meinen Vorstellungen bekommen müsse. Ich höre JETZT auf, andere an das zu erinnern, was ich für sie getan habe. Wenn ich meine eigenen Selbstwertprobleme an meinem Mann auslebe und durch Nörgeleien seinen Selbstwert ankratze, dann muß ich mich nicht wundern, wenn er sich revanchiert. Jetzt durchschaue ich, daß seine Bevormundungen nur ungeschickte Versuche sind, durch männliches Dominanzverhalten sein Selbstwertgefühl zu verteidigen.

Ganz schön kompliziert, wie die Aktionen und Reaktionen ineinandergreifen, wie eins das andere provoziert und der jeweilige Geist auf diese Weise schöpferisch wird. Aus diesem Karussell steige ich JETZT aus. Ich höre JETZT auf, andere zu manipulieren, um mir meinen Selbstwert von ihnen bestätigen zu lassen. In welche Abhängigkeit und Unsicherheit begebe ich mich da !!? Wenn ich genau hinsehe, scheinen die meisten Probleme aus diesem Punkt zu entstehen. Was für ein Circus ! Jeder strampelt sich ab, um die Anerkennung der anderen zu gewinnen, um sich wertvoll und geliebt zu fühlen. Und so unstet und schwankend wie das menschliche Herz nun einmal ist, macht er dadurch die

Basis seines ganzen Lebens. Weil wir unsere Konzentration in dieser Weise binden, können wir die Quelle nicht nutzen, aus der unser Wert ursprünglich kommt. Jeder Mensch ist ein geliebtes Kind Gottes. Ich auch ! Was wir auch tun, welche Wege wir auch gehen um zu lernen, bewußt oder unbewußt, die Liebesenergie Gottes, die uns nach ihrem Bilde erschaffen hat, verströmt sich bedingungslos wie die Sonne und geht alle Wege mit.

Ich entscheide mich JETZT dafür, mich auf diese Tatsache einzulassen und sie zur Grundlage meines Selbstwertgefühls zu machen. Ich finde die Vorstellung, daß ich im Grunde schon göttlich bin, sehr anziehend und entspannend. Wenn die göttliche Kraft bereits in mir ist, die alles weiß und alles kann, dann brauche ich nur noch zu lernen, mich dieser Kraft anzuvertrauen und herauszufinden, wie ich sie für mich aktivieren kann. Darauf werde ich mich jetzt konzentrieren und nicht mehr auf meine Anstrengungen, wie ich andere Menschen kontrollieren kann. Meine Kontrolle richte ich jetzt auf meine eigenen Einstellungen, Gedanken und Wertungen. Hier liegt die Ursache für alles, was ich erlebe. Meine ganze Konzentration richte ich darauf, positiv, liebevoll und lebensbejahend zu denken und mir in Bildern vorzustellen, wie ich mir mein Leben wünsche.

Durch diese Bilder kommuniziere ich mit meinem göttlichen Selbst und aktiviere sein ganzes Potential für meine Ziele. Ich stelle es mir wie eine mütterliche Freundin vor, die alles schon hat, was ich mir wünsche, die immer da ist und nur darauf wartete, von mir in Anspruch genommen zu werden. Iris finde ich einen schönen Namen für mein göttliches Selbst, zu dem ich jetzt eine persönliche Verbindung aufnehmen möchte. Der Name erleichtert mir den freundschaftlichen und vertrauensvollen Umgang sehr. Er öffnet meine Gefühle für die göttliche Kraft in mir. Nur darauf kommt es an. Je inniger, persönlicher, verläßlicher und gläubiger ich von meiner Seite aus die Verbindung gestalten kann, umso besser ist es für mich. Das Göttliche hat so viele Namen in der Welt, wie es Manifestationen davon gibt. Und die sind unzählbar. In mir manifestiert sich das Göttliche durch meine Iris. Das Glück, eine Freundin wie Iris zu haben, schließt mein Herz dafür auf und macht für mich das Unbegreifliche persönlich greifbar und praktisch erfahrbar. Außerdem finde ich das Wissen, eine bedingungslos liebende, göttlich allwissende Freundin allgegenwärtig an meiner Seite zu haben, außerordentlich entspannend. Ich brauche nicht mehr alles selbst zu arrangieren und zu kontrollieren, sondern kann vieles abgeben. Wichtig ist nur, daß ich weiß, was ich will und daß ich es mir möglichst bildhaft vorstellen kann. Ich muß mich für etwas entscheiden. Dann kann ich es Iris überlassen, mir Ideen zu geben und die Wege zu finden und zu ebnen, wie ich es verwirklichen kann.

Ich entscheide mich für ein unerschütterliches Selbstwertgefühl, denn mein wahres Selbst ist Iris. Ich entscheide mich für eine glückliche Ehe und sehe darin eine goldene Gelegenheit, mein Selbst zu verwirklichen. Jetzt male ich mir aus, wie alles optimal wäre. Es ist gar nicht so leicht, mir darüber klar zu werden. Ich muß tief in mich hineinhören und auch die Konsequenzen bedenken. Will ich das wirklich so ? Wie entspannend ist es doch, daß ich mich im Zweifelsfalle immer der höheren Einsicht von Iris anvertraue und es ihr überlassen kann, das oder etwas noch Optimaleres für mich in die Wege zu leiten.

Bei ihr ist alles schon in Vollkommenheit vorhanden: Iris, du bist eine schöne, starke, begehrenswerte Frau. Klaus findet dich besonders attraktiv, denn er ist von deinem weiblichen Charme begeistert. Du hast große Freude an der Lebendigkeit unserer drei Kinder. Für dich ist es eine sehr erstrebenswerte und erfüllende Aufgabe, sie ins Leben einzuführen und ihnen zu helfen, ihren

Weg zu finden. Die Hausarbeit machst du gern und mit schwung-
vollem Elan, weil du damit den Rahmen schaffst, in dem wir uns
alle wohlfühlen können. Voll Dankbarkeit und Liebe begegnest
du Klaus, der durch seinen Fleiß die materiellen Mittel für uns
alle erarbeitet. Du bist glücklich, daß es ihm Freude macht, auf
diese Weise sich selbst und dem Leben zu dienen. Diesem tüch-
tigen Mann stehst du als wunderbare Frau zur Seite. Gern
hängst du ihm seine Jacke an ihren Platz, wenn er nach Hause
kommt und gibst dir viel Mühe, ihn zu verwöhnen. Alles, was dazu notwendig ist, tust du mit Freude und deshalb mit Leichtigkeit.
Denn du kennst das Geheimnis faszinierender Weiblichkeit und
bist stolz darauf, es täglich zu verwirklichen. Du weißt, wie eine
Frau das "Stroh", das ihr Mann herbeischafft, zu "Gold" verspinnt.

## Das "geheime" Wissen vom Weg des Menschen zu sich selbst hält unsere Kultur in Märchen, Mythen und Metaphern "versteckt"

Immer wieder fallen Anja die archetypischen Bilder der Märchen ein. Es sind Bilder für die inneren Abenteuer, die der Mensch auf seinem Weg zu sich selbst bestehen muß. Erst durch diese Betrachtungsweise erschließt sich der Sinn der Märchen ganz. Wie wunderbar sind doch diese "Gefäße" für das psychologische Wissen der Menschheit ! Die Kinder lauschen den Märchen gespannt und prägen sich ihre Bilder ein. Sie identifizieren sich mit den Helden und lernen, daß auch die haarsträubendsten Abenteuer glücklich ausgehen werden. Später dann, wenn sie sich in den Stürmen des Erwachsenenlebens bewähren müssen, können sie die Märchen als Sinnbilder für das eigene Erleben erkennen, und heiter werden sie Mitglied im Club der Wissenden, worum es im Leben letztendlich geht. Alles Streben, Kämpfen und Ringen dient dem Ziel, sein eigenes göttliches Wesen zu verwirklichen. Das wird im Märchen in das Bild gekleidet, daß der Held (die Heldin) als Lohn für seine (ihre) erfolgreich bestandenen Abenteuer durch Heirat König bzw. Königin wird und bis ans Ende aller Tage in Reichtum und Glück leben darf.

Das zu erringende Königreich ist geistiger Natur, und die Abenteuer spielen sich im Innern des Menschen ab, in seinem Denken und Fühlen. Dieses Geschehen gehört zur Natur des Menschen und ist so universell, ewig und unvergänglich wie die Märchen. Deshalb enden sie auch "und wenn sie nicht gestorben sind, so leben sie noch heute".

# Rumpelstilzchen

Ein armer Müller hatte vor dem König geprahlt, daß seine Tochter nicht nur sehr schön sei, sondern sie könne auch Stroh zu Gold verspinnen. Das war eine Kunst, die dem König wohl gefiel, und er stellte die Müllerstochter auf die Probe. Dreimal sperrte er sie in eine Kammer voll Stroh und gab ihr den Auftrag, das Stroh bis zum anderen Morgen in Gold zu verspinnen. Wenn sie es nicht schaffen würde, müsse sie sterben. Die Müllerstochter kam in arge Bedrängnis, denn natürlich war sie dieser Kunst nicht mächtig. In ihrer Not erschien ein kleines Männchen und erbot sich, die Aufgabe zu lösen. Aber es verlangte jedesmal einen Lohn dafür. Beim ersten Male gab die Müllertochter ihr Halsband. Beim zweiten Male gab sie das Ringlein, das sie an ihrem Finger trug. Beim dritten Male hatte sie nichts mehr, das sie hingeben konnte. Da verlangte das Männchen ihr erstgeborenes Kind. Denn der König hatte versprochen, die Müllerstochter zu heiraten, wenn sie auch das dritte Mal das Stroh zu Gold verspinnen konnte. "Wenn's auch nur eine Müllerstochter ist", dachte er, "eine reichere Frau finde ich in der ganzen Welt nicht." Notgedrungen versprach das Mädchen ihr erstes Kind - wer weiß, was bis dahin sein würde-, und das Männchen half ihm auch das dritte Mal aus der Patsche.
Als nach einem Jahr ihr erstes Kind geboren war, erschien das Männchen wieder und verlangte seinen Lohn. Verzweifelt bot die junge Königin ihm alle Schätze des Reiches an, wenn sie dafür nur ihr Kind behalten dürfte. Aber das Männchen beharrte auf der

Abmachung. Ihm war "etwas Lebendes lieber als alle Schätze der Welt". Weil die Königin aber gar zu heftig jammerte und weinte, ließ sich das Männchen schließlich erweichen. "Drei Tage will ich dir Zeit lassen", sprach es, "wenn du bis dahin meinen Namen weißt, so sollst du dein Kind behalten."

Die Königin besann sich auf alle Namen, die sie wußte. Zusätzlich schickte sie einen Boten ins Land, der sich weit und breit nach allen möglichen Namen erkundigen sollte. Zweimal schon hatte das Männchen nachgefragt, aber kein Name, den die Königin nannte, war richtig gewesen. Da kam am dritten Tag der Bote zurück. Unter den Leuten hatte er keinen neuen Namen gefunden, aber tief im Wald, dort wo Fuchs und Hase sich gute Nacht sagen, hatte er ein Männchen gesehen, das um ein Feuer herumsprang und schrie: "Heute back ich, morgen brau ich, übermorgen hol ich der Königin ihr Kind. Ach wie gut, daß niemand weiß, daß ich Rumpelstilzchen heiß !" Nun wußte die Königin das Geheimnis seines Namens. Als sich das Männchen bei seinem dritten Erscheinen entdeckt sah, zerriß es sich selbst vor Zorn, und die Bedrohung war verschwunden.

Rumpelstilzchen steht für das Geheimnis, wie man Stroh in Gold verspinnt. Durch das leichtsinnige Versprechen ihres Vaters ist die junge Frau dazu verdonnert, diese Kunst unter Beweis zu stellen. Das ist die Situation am Anfang der Ehe. Der Himmel hängt voller Geigen, und die Liebe scheint leicht und unproblematisch zu sein. Deshalb geben wir leichthin das Versprechen, daß die Liebe ein ganzes Leben lang andauern werde. Bald aber treten die "Macken" des Partners zutage, und es wird schwer, ihn auch unter diesen Umständen zu lieben. Da ist die erste Kammer mit Stroh, in der die Frau eingesperrt ist. Wenn sie lebend herauskommen will, wenn die Liebe lebendig bleiben soll, muß sie das Stroh in Gold verspinnen, muß sie sich durch Verzeihen aus ihrer Konfrontation erlösen. Kleine Münze gibt sie das erste Mal, ihr Halsband. Für diesmal hat sie nachgegeben und die Sache wieder in Harmonie gebracht. Aber sie glaubt noch daran, daß sie ihren Mann verändern wird. Schon sitzt sie in der zweiten Kammer fest. Sie ist größer, und es gibt mehr Stroh zu verspinnen. Auch jetzt wieder zahlt sie mit kleiner Münze und gibt ihren Fingerring. Es kostet sie schon etwas mehr Überwindung, ihm zu verzeihen. Nur mühsam gelingt es ihr, die Harmonie wieder herzustellen. Denn allmählich wächst sein Schuldkonto bei ihr. Es kann nicht immer sie sein, die für die Harmonie Opfer bringt. Allmählich muß auch er mal etwas beitragen und sich endlich ändern. Erst dadurch kann die Sache ihrer Meinung nach wirklich in Ordnung gebracht werden. Das ist für sie noch immer des Rätsels Lösung. So ist die dritte Kammer noch größer, und der Haufen Stroh ist noch gewaltiger, der jetzt versponnen werden muß. Denn höchstwahrscheinlich hat sich der Mann nicht wesentlich geändert, und sein Schuldkonto bei der Frau ist mittlerweile gewaltig angewachsen. Jetzt hat die Frau nichts mehr herzuschenken, damit aus dem Stroh Gold werden kann. Sie ist nicht mehr bereit zu vergeben. Wenn er sich nicht endlich ändert, bleibt nur noch die Trennung als Ausweg. Soweit ist sie jetzt.

Das ist der Punkt, an dem das Männchen für seinen Dienst etwas Lebendiges haben will, ein Stück von ihr selbst, ihr erstes Kind. Das ist ihm wertvoller als alle Schätze der Welt. Jetzt geht es um die Hingabe ihres negativen Ego. Ein Stück ihrer Persönlichkeit, ihrer bisherigen Denkgewohnheit wird gefordert. Durch diese Gabe wird sie zur Königin. Vorerst hat sie diese Stellung nämlich nur auf Vorschuß. Denn sie hat ihre Aufgabe, Gold zu spinnen und für Harmonie zu sorgen, noch nicht richtig begriffen und die damit verbundenen Konsequenzen und ihre Verantwortung noch nicht wirklich übernommen. Noch hat sie sich nur durchlaviert, weil sie des Rätsels Lösung immer noch darin sieht, daß ihr Mann sich ändern müsse. Alle ihre Weisheit läuft auf diesen "Namen" hinaus. Auch der Bote, den sie ausschickt, findet landauf landab keinen anderen Namen. Alle Leute denken so.

In drei Tagen läuft die Galgenfrist ab, die ihr das Männchen gewährt hat. Dann muß sie seinen Namen wissen. Wie spinnt man Stroh zu Gold ? Jetzt wird es ernst ! Da bringt der Bote am dritten Tag des Rätsels Lösung. In der verborgensten Tiefe des Waldes, am Ende aller Wege durch das Dickicht hat er sie gefunden: Rumpelstilzchen ! Tief im eigenen Inneren, dort wo sonst niemand hinkommt, findet sich die Antwort: Das negative Ego, die eigenen Rechthabereien, hingeben und verzeihen.

Mit dem Namen verliert der Sachverhalt den Nimbus des Geheimnisvollen und tritt klar ins Bewußtsein. Der Name bedeutet geistiger Besitz, bedeutet Bewußtheit. Die Angst und das Ausgeliefertsein an das Unbekannte löst sich auf. Rumpelstilzchen reißt sich selbst auseinander. Wenn Ursache und Wirkung durchschaut sind, kann man die Aufgabe, Stroh in Gold zu verspinnen, selbst meistern und Königin bleiben. Emotionale Intelligenz (Liebe) ist der gesuchte Name und die Lösung unseres Problems.

## Dornröschen

Dornröschen war das lange ersehnte Kind seiner königlichen Eltern. Als es endlich geboren war, feierten sie ein großes Fest und luden auch die weisen Frauen des Landes ein. Es waren dreizehn an der Zahl. Weil es aber im Schloß nur zwölf goldene Teller gab, wurde eine der weisen Frauen nicht mit eingeladen. Die anderen zeigten sich als gute Feen und beschenkten das Kind mit allem, was man sich für ein glückliches Leben nur wünschen kann: Gesundheit, Schönheit, Reichtum, Tugend, Klugheit usw. Als elf Feen ihre Wundergaben dargebracht hatten, da trat die dreizehnte weise Frau auf den Plan. Aber sie war nicht mehr weise. Denn ihre Wut darüber, daß sie nicht eingeladen worden war, hatte aus ihr eine Hexe werden lassen. Und sie verwünschte das Kind: An seinem fünfzehnten Geburtstag solle es von einer Spindel gestochen werden und tot umfallen. Die zwölfte Fee jedoch, die ihr Geschenk noch nicht abgegeben hatte, verwandelte diesen Fluch in einen hundertjährigen Schlaf; denn ganz konnte sie den bösen Zauber der Hexe nicht aufheben.

Die Feen sind unsere guten und liebevollen Gedanken, unsere positiven Einstellungen und optimistischen Überzeugungen. Durch sie werden wir mit allem beschenkt, was unser Leben glücklich macht, denn unsere Gedanken sind schöpferisch. Mit fünfzehn, an der Schwelle zum Erwachsenenalter, treten wir aus dem kindlichen Freiraum heraus und werden für unser Denken und damit auch für unsere Gefühle selbst verantwortlich. Wenn wir es jetzt zulassen, daß unerfüllte Erwartungen unsere Feengedanken in Hexengedanken verwandeln, dann wird unser negatives Ego schöpferisch und verhext nicht nur uns selbst, sondern unser gesamtes Umfeld. Dornröschen, das Königskind, fällt in einen hundertjährigen Schlaf, und mit ihm sein gesamter Hofstaat. Sogar das Feuer im Herd und die Vögel auf den Bäumen schlafen ein, und alles wird von einer mächtigen dornigen Rosenhecke überwuchert.

Der Schlaf bedeutet Unbewußtheit. Durch Unbewußtheit entstehen unsere Hexengedanken und unsere negativen Gefühle. Sie haben die Macht, unserem ganzen Leben ein negatives Vorzeichen zu geben. Wenn alle unbewußt sind und schlafen, dann stecken Hexengedanken sich gegenseitig an: "Ich hasse dich, weil du meine Erwartungen nicht erfüllt hast". Wie Pingpong-Bälle werden diese Schuldzuweisungen zwischen den Kontrahenten hin- und hergeworfen und verschlingen sich zu einem undurchdringlichen, dornenbewehrten Dickicht feindseliger Gefühle. Der Schlaf der Unbewußtheit überzieht alles und läßt das Leben erstarren.

Viele Prinzen haben versucht, zu dem schlafenden Dornröschen vorzudringen. Aber sie sind alle in den Dornen hängengeblieben und jämmerlich umgekommen. Dornröschen ist das Gotteskind in uns, das seine göttliche Natur entfalten und all die wundervollen Gaben, die sein Schöpfer ihm verliehen hat, verwirklichen möchte. Es verkörpert die weibliche Seite unserer Seele, die liebevoll und glücklich sein möchte. Die Prinzen stehen für unsere intelligente Seite, für unsere Denkkraft, für die Fähigkeit, Ursache und Wirkung zu ergründen, um das Dickicht unserer Lebenstragödien verstehend zu durchdringen und aufzulösen. Über lange Zeit können sie nichts ausrichten gegen das Dornengestrüpp der Hexengedanken. Die Vernunft wird in den spitzen Lanzen unserer negativen Gefühle zerrissen.

Aber nach hundert Jahren, das heißt nach sehr langer Zeit, kommt der erlösende Prinz in Gestalt emotionaler Intelligenz. Wenn die Einsicht kommt und praktisch umgesetzt wird, weicht die Dornenhecke ganz von selbst zurück, und der Prinz kann Dornröschen durch einen Kuß erwecken. Auch der Hofstaat rundherum erwacht durch die Liebe, die nun auf Bewußtheit gründet, wieder zum Leben. Nun kann die Hochzeit gefeiert und das Königreich in Besitz genommen werden. Durch die Verschmelzung unserer männlichen und weiblichen Seelenkräfte verwirklichen wir unsere göttliche Natur, die unsterblich ist. Wir übernehmen die Herrschaft im Königreich des Geistes und leben glücklich und in Freuden bis ans Ende aller Zeit.

# Herkules

Die griechische Mythologie liefert uns andere archetypische Bilder für die inneren Prozesse, die der Mensch auf dem Weg zur Verwirklichung seiner wahren geistigen Größe durchzustehen hat. Das Ideal dieses Menschen ist Herkules. Er ist von göttlicher Abstammung. Sein Vater ist Zeus, der Herr des Himmels (des Olymp). Der Sohn ist jedoch unehelich geboren, denn seine Mutter ist eine Sterbliche. Hera, die betrogene Ehefrau des Zeus, verfolgt den Sohn ihrer Nebenbuhlerin mit Rache und bringt ihn in immer neue Schwierigkeiten. Das ist der Grund, weshalb für den Göttersohn die Abenteuer auf Leben und Tod nicht abreißen. Hera ist von ihrem Haß und ihrer Eifersucht getrieben. Sie ist besessen von ihren negativen Gefühlen und verkörpert damit das verursachende Prinzip des negativen Ego (von Herkules). Das wirkt durch Hera mit der ganzen Vollmacht des Olymp, ein Sinnbild für die universelle Wirkung des Kausalgesetzes (Logos). Der schöpferischen Macht unseres Denkens bleiben wir in ihren negativen Auswirkungen so lange ausgeliefert, bis wir sie durchschaut und ins Positive gewendet haben. Davon handeln die Abenteuer des Herkules.

Es ist ein männlicher Held, denn es obliegt der Vernunft, der männlichen Seite unserer Seelenkräfte, um die Verwirklichung unserer göttlichen Eigenschaften zu ringen. Herkules hat schon als junger Mann seine göttliche Abstammung bewiesen. Als er vor die Wahl gestellt wurde, sein Leben dem Lustgewinn oder der Rechtschaffenheit zu widmen, entschied er sich, der göttli-

186

chen Ordnung zu dienen und den Kampf gegen die Ursachen des Leids aufzunehmen. Diesem Vorsatz ist er treu geblieben trotz aller Feindseligkeiten, mit denen Hera ihn zu vernichten suchte. Trotz all seiner Irrtümer und Fehlschläge und den dadurch verursachten Leiden hat der Göttersohn an seinem Ziel festgehalten, die Wahrheit der göttlichen Ordnung herauszufinden und in ihrem Sinne zu handeln. In diesem Ringen überwand Herkules alle Schwierigkeiten und blieb, oft dank der Hilfe seines Vaters, siegreich. Das brachte ihm Ruhm und den Namen **Hera**kles ein. Und schließlich hat es ihn unsterblich gemacht.

Herakles hat den Göttern im Kampf gegen die Riesen, die Titanen und die Giganten geholfen. Das sind die ungeschlachten Söhne der Gaia, der Erdmutter. Sie symbolisieren die rohe, gewaltige Macht des negativen Ego. Denn diese Riesen gelten als unbesiegbar, weil ihnen, solange sie die Erde berühren, immer neue Lebenskraft von ihrer Mutter zufließt. Weil wir recht behalten wollen und deshalb unsere momentanen Überzeugungen mit Gewalt verteidigen, bekommt unser negatives Ego immer wieder neue Nahrung und lebt frisch gestärkt weiter. Der Kampf gegen die Riesen wurde nötig, weil sie sich als unversöhnliche Gegner der von den Göttern gewährleisteten Weltenordnung gezeigt hatten. So wie das negative Ego immer im Widerspruch zu Logos steht, weil es dessen Gebot der Liebe nicht beachtet.
Der Riese Antäos war ein Wegelagerer, der allen Fremden auflauerte und sie zum Zweikampf herausforderte, um sie zu töten. So überfiel er auch Herakles. Der aber wußte um das Geheimnis der sich immer erneuernden Lebenskraft des Riesen. Deshalb hob er ihn hoch, so daß seine Füße den Kontakt mit der Erde verloren. Herkules hielt das so lange durch, bis Antäos die Lebenskraft ausging und starb.

Wir lauern mit unserer Kritik dem unverständlichen Verhalten unserer Mitmenschen auf, verurteilen es rechthaberisch und greifen sie an, um ihre uns unzugänglichen Überzeugungen totzuschlagen. Wenn wir unserem negativen Ego keine neue Nahrung mehr zukommen lassen wollen, müssen wir unsere Rechthabereien aufgeben. Und das müssen wir wieder und wieder tun und es so lange durchhalten, bis es "verhungert" ist. Auf diese Weise befreien wir uns von unseren geistigen "Verunreinigungen", und unsere schon immer vorhandene Göttlichkeit kommt strahlend zum Vorschein, heldenhaft wie Herkules.

Ein andermal sollte Herakles den Rinderstall des Augias in einem Tag ausmisten. Augias ist der Sohn des Sonnengottes Helios. Dessen zwölf weiße Stiere sind die zwölf Monate, die Wolken sind seine Rinderherden. Der Mist, den die 3000 Rinder des Augias gemacht hatten, steht für den Unrat (Mißverständnisse und Konflikte), den das negative Ego im Laufe vieler Jahre und zahlloser Leben angehäuft und nie ausgemistet hat. Nun hat der Mist die ganze Gegend überschwemmt und hat sie in einen stinkenden Sumpf verwandelt. So wie wir Menschen in den Folgen unserer andauernden Konflikte und unserer lieblosen Handlungen verstrickt und versumpft sind.

Wie hat Herakles das Übel beseitigt ? Er leitete einen Fluß um und hat damit den Schmutz weggeschwemmt und den Sumpf trockengelegt. Der umgeleitete Fluß steht für die Umleitung unseres Gedankenflusses, für das Loslassen von Konfrontation und Konflikt und die Hinwendung zu Verstehen und Verzeihen, zu liebevollem Annehmen und positivem Denken sowohl über uns selbst wie auch über die anderen. "In einem Tag" kann so der angesammelte Mist des negativen Ego hinweggespült werden. Nichts ist so beweglich und geschwind wie unsere Gedanken.

Wir können sie jederzeit JETZT in eine andere Richtung lenken und dadurch "in einem Tag" den Mist von Jahrhunderten beseitigen. Einem Herkules gelingt das.

## Sonne und Mond

"Ich bin doch kein Herkules !" So denken wir vielleicht und sind schon wieder dabei, unser vorhandenes Potential zu sabotieren. Dieser allzu menschlichen Neigung wirken die Geschichten von Helden/Innen entgegen. Sie stützen unseren Glauben daran, daß der Mensch auch aus schwerster Bedrängnis immer wieder siegreich hervorgehen kann. Wenn unser Glaube stark genug ist, verwirklicht er sich. Insofern haben alle Geschichten, in denen das Wahre, Gute und Schöne siegt, eine stärkende, optimierende Wirkung auf unser Seelenleben. Wir sollten sie in unserem reichen Kulturgut aufsuchen und sie lustvoll "konsumieren", so wie wir auch bei der Ernährung unseres Körpers immer auf möglichst gesunde und aufbauende Kost achten. Die Moderne überschwemmt uns mit Kulturprodukten, in denen die Schwächen, das Versagen, das Häßliche, das negativ Abnorme als die "normale" Seinsweise des Menschen dargestellt wird. Wie die Umweltverschmutzung bei unserer Nahrung, so haben auch solche Negativbilder des Menschen eine vergiftende Wirkung auf unser Bewußtsein und damit auf unser Leben. Dieser apokalyptischen Abwärtsspirale können wir jedoch Einhalt gebieten. Alles ist nur eine Frage unseres Glaubens. Welchem Geist wollen wir erlauben, schöpferisch zu werden ? Von welchen Vorbildern wollen wir uns inspirieren lassen ?

Gott selbst hat uns zwei bedeutungsvolle "Bilder" an den Himmel gehängt, die uns jeden Tag Leitstern sein können, wenn wir unser Bewußtsein ihrer "Botschaft" öffnen. Die Sonne ist die Quelle allen Lebens auf der Erde. Wundervoll steigt sie jeden Tag am Himmel empor. Zuverlässig vertreibt sie jeden Morgen die Dunkelheit und schenkt uns Licht, so daß wir sehen können, was ist. Unerschöpflich verströmt sie ihre Energie und gibt allem Leben seine Kraft. Bedingungslos verschenkt sie sich und läßt alles auf der Erde wachsen.

Licht ist nicht nur ein Sinnbild, sondern tatsächlich die subtilste "stoffliche" Verkörperung von Geist. Neue wissenschaftliche Erkenntnisse bestätigen, wie buchstäblich der Geist in Form von Licht alle Materie durchdringt, ihr Identität gibt und sie dadurch erschafft. Man hat das Licht als den Träger von Informationen entdeckt. Es unterhält die Kommunikation zwischen den kleinsten Bausteinen der Materie, setzt sie zu Atomen, Molekülen und immer größeren, komplexeren Strukturen zusammen und steuert ihre Abläufe. So entsteht und erhält sich alles, was ist. Und auf geheimnisvolle Weise ist alles mit allem vernetzt, so daß jegliche Information alles beeinflußt. Auf diese Weise ist der Geist in Form von Licht, man könnte auch sagen in der subtilsten Form von Energie, schöpferisch und die Quelle allen Lebens. Unserer Wissenschaft beginnt eine Ahnung von der alles bewirkenden Macht des Geistigen aufzudämmern. Das menschliche Bewußtsein ist dabei, sich an die geheimnisvolle Dimension seiner göttlichen Natur auch von der wissenschaftlichen Seite her anzunähern.

Vom mythologischen Wissen her aber ist die Sonne schon seit undenklichen Zeiten den Menschen ein Sinnbild für die Schöpferkraft Gottes, für das männliche Prinzip der erschaffenden Gesetzmäßigkeit. Gleichzeitig ist sie aber auch ein Symbol für das weibliche Prinzip reiner Liebe. Denn ihr Wesen ist vorbehaltloses, immerwährendes Geben, ein nie versiegendes sich Verströmen. Die Kraft dazu hat sie vollkommen aus sich selbst. Ihre runde Form ist ein Sinnbild für diese selbstzentrierte, aus sich heraus unerschöpfliche göttliche Energie. Sie steht für Vitalität, Lebensfreude, Optimismus und Heiterkeit. An sonnigen Tagen empfinden viele Menschen einen spürbaren Zuwachs an freudigem Tatendrang, an optimistischem Schwung. Diese Quelle vitalisierender Kraft können wir uns auch auf geistigem Wege sichern, wenn wir uns vorstellen, wie unser höheres Selbst als unerschöpfliche Sonne in uns wirkt und uns stark macht, unabhängig und unangefochten aus eigener Kraft zu leuchten. Sie befähigt uns, vorbehaltlos Liebe zu schenken und in einen Zustand glücklichen Seins hineinzuwachsen, der seinen "Duft" verströmt wie die Rose, die nicht danach fragt, wer ihn empfängt und wer sich daran erfreut.

Der Mond wohnt im Dunkel der Nacht. Er hat kein eigenes Licht, sondern er reflektiert das Licht der Sonne. Je nach seinem Stand zur Sonne reflektiert er mehr oder weniger Licht, so daß sich seine sichtbare Form ständig verändert. Manchmal ist er überhaupt nicht zu sehen, wenn er sich so plaziert hat, daß kein Sonnenstrahl ihn erreicht. Der Mond ist ein Symbol für den Geist des Menschen, für sein positives Ego, das sich bemüht, Logos zu erfassen und das Leben unter Verwendung des Kausalgesetzes selbst zu erleuchten und glücklich zu gestalten. Alles, was der Mensch in diesem Bestreben erreicht, ist eine Reflektion des göttlichen Geistes. Durch die Entwicklung seines Bewußtseins kann der Mensch dieses "Sonnenlicht" mehr oder weniger zum Aufleuchten bringen. Das gibt ihm seine individuelle Gestalt. Jede Persönlichkeit reflektiert somit den Geist Gottes auf ihre ganz eigene, persönliche Art und Weise.

Die Kehrseite davon ist, daß jeder auch seine ganz individuellen Schattenseiten hat. Und es liegt ausschließlich in seiner Verantwortung, diese unbeleuchteten Stellen zu entdecken und sie dem Licht zuzuwenden. Diese Aufgabe können wir nicht stellvertretend für andere tun, und wir können andere nicht dazu zwingen, auch wenn unser negatives Ego immer wieder in diese Richtung zielt. Der freie Wille des Menschen muß unter allen Umständen gewahrt bleiben. Darin liegt seine Würde, aber auch seine unentrinnbare Selbstverantwortung, die ohne Gott als radikale Einsamkeit empfunden werden kann und dann bedrohlich wirkt. Das negative Ego jedoch beschäftigt sich ausschließlich mit den Schattenseiten der anderen, weil es blind für seinen eigenen Schatten ist.

Der schwindet erst, wenn wir unseren Lebenspartnern auf einer tieferen Ebene des Seins begegnen und anerkennen können, daß wir als Lernende gemeinsam in demselben Boot sitzen. Jeder "Mond" hat dann genug damit zu tun, seinen eigenen Standort so zu verändern, daß er seine Schattenseite der Sonne zuwendet. Im praktischen Vollzug unserer Beziehungen heißt das, sich eine geistige Beweglichkeit anzueignen, die jederzeit in der Lage ist, jenseits der eigenen Erwartungen, Vorstellungen und Überzeugungen vorbehaltlos anzuerkennen, was ist, und sich auf diese Weise "ich-los" dem Sein anzuvertrauen und hinzugeben. Dadurch kommen wir in Kontakt mit der Liebe, dieser ursprünglichen, alles bewirkenden Kraft des Seins, dieser kosmischen Schöpfungsenergie, die dann all unseren Bestrebungen Flügel verleiht und mit Leichtigkeit unsere Wünsche und Ziele verwirklichen kann. Dann hat sich der Mond so ausgerichtet, daß ihn das Licht der Sonne total erleuchtet, und als "Vollmond" ist seine runde Gestalt ein Abbild der Sonne.

Der Mond in seiner regelmäßig sich verändernden Leuchtkraft regiert viele Rhythmen des Lebens, z.B. Ebbe und Flut, die weibliche Menstruation, die Sensibilität der Lebewesen. Ebenso ist die Veränderlichkeit des menschlichen Bewußtseins verantwortlich für die Unruhe des Lebens, für sein Kreisen zwischen Leben und Tod, zwischen Liebe und Angst, zwischen Gesundheit und Krankheit, zwischen Glück und Leid, zwischen "Himmel und Hölle". Der Mond ist ein Sinnbild für die Möglichkeit des Menschen, sein Bewußtsein so "hinzudrehen", daß es den Geist Gottes in seinem männlichen und weiblichen Aspekt (Logos & Liebe) möglichst vollkommen reflektiert. Genau wie wir unsere Muskeln trainieren können, so können wir auch unseren Geist stark machen, daß er trotz des Auf und Ab im Leben seinen Standort im Licht halten kann. Das heißt, wir sind in der Lage, eine ständige Kommunikation mit dem Geist Gottes aufrecht zu erhalten.

Das können wir uns erleichtern, indem wir ihm einen persönlichen Aspekt geben durch die Vorstellung unseres höheren Selbst. Ständig laden wir unser höheres Selbst ein, unsere geistigen Blockaden aufzulösen, damit es sich durch unser Denken, Fühlen und Handeln als Glück und Erfolg in unserem Leben manifestieren kann. Auf diese Weise öffnen wir das Tor zum Paradies und können jederzeit wieder daran teilhaben. Evas Neugier hat uns seinerzeit da herausgeführt. Nach einem langen Weg des Erkennens und der Einsicht ist es ihre Aufgabe (die unserer weiblichen Seite), auch bei der Rückkehr wieder voranzugehen.

# Die Schöpfungsgeschichte

Denn auch die Geschichte von Adam und Eva ist wie viele Märchen und Mythen ein "Gefäß", in dem tiefstes Wissen über die verborgenen Zusammenhänge des Lebens von Generation zu Generation aufgehoben und weitergegeben worden ist. Die phantasievollen Bilder bewirken schon bei den Kindern lebhaftes Interesse. So bleiben sie im Gedächtnis und können jedem Menschen seine Zeit lassen, bis sie sich auch für ihn als Quelle tiefster Lebensweisheit erschließen.

In dem Weisheitsbuch unserer Kultur, das den Gang unserer Geschichte in 2000 Jahren entscheidend beeinflußt hat, steht die Schöpfungsgeschichte ganz am Anfang. Das gibt ihr ein besonderes Gewicht, denn im Anfang ist alles andere enthalten. Tatsächlich gibt die Schöpfungsgeschichte Auskunft über Ursprung, Sinn und Ziel des menschlichen Lebens auf der Erde. Sie umfaßt nur drei Kapitel. In drei Schritten konkretisiert Gott die Schöpfung von der geistigen Ebene über die seelische in die körperliche Ebene hinein. Dabei wird sie immer stofflicher und dichter, immer vielschichtiger und komplexer.

## 1. Die geistige Ebene

Im ersten Kapitel denkt Gott sich aus, wie er alles machen will. Indem er es denkt, verwirklicht es sich, denn Gedanke und Realisierung sind bei ihm eins. "Es werde Licht, und es ward Licht" (1. Mos. 1, 3). Auf diese Weise erschafft Gott Himmel und Erde, er scheidet das Licht von der Finsternis und setzt durch Tag und Nacht die Zeit ein. Er scheidet das Land vom Wasser und begrünt das Land mit Gras, Kräutern und Bäumen. Allen Pflanzen gibt er die Fähigkeit, sich durch Früchte und Samen selbst zu re-

194

produzieren. Er setzt Sonne, Mond und Sterne als Zeichen der Zeit ein und belebt Wasser, Luft und Erde mit Fischen, Vögeln und allen möglichen Landtieren. Auch ihnen gibt er die Fähigkeit, sich selbst zu vermehren. Nachdem das alles fertig ist, schafft Gott den Menschen, damit er über die Schöpfung herrsche. "Und Gott schuf den Menschen ihm zum Bilde, zum Bilde Gottes schuf er ihn; und schuf sie einen Mann und ein Weib" (1. Mos. 1, 27). Auch sie segnet er mit der Fähigkeit zur Fortpflanzung und gibt den Menschen und den Tieren die Pflanzen mit ihren Samen und Früchten als Speise. So denkt Gott sich die ganze Schöpfung als ein selbsterhaltendes, heute sagen wir "ökologisches" System aus und ist mit seinem Werk sehr zufrieden. "Und Gott sah an alles, was er gemacht hatte; und siehe da, es war sehr gut". (1. Mos 1, 31)

Für unser Thema sind zwei Faktoren dieses ersten Kapitels sehr bedeutsam: Wir erfahren von Gottes Idee, sich im Menschen ein Abbild seiner selbst zu schaffen, und er konzipiert sein Abbild in einer männlichen **UND** einer weiblichen Ausführung (Abb. 19) Damit gibt er zwei Hauptaspekten seines Wesens (Logos & Liebe) eine konkrete Form. Da sie in Gott selbst jedoch Eins sind, ist hier die Aufgabe des Menschen angelegt, das Männliche und das Weibliche zu einer Einheit zu verbinden. Zur Verwirklichung dieser geistigen Aufgabe, schafft Gott weitere, konkretere Ebenen, die der praktischen Durchführung und Übung dienen sollen.

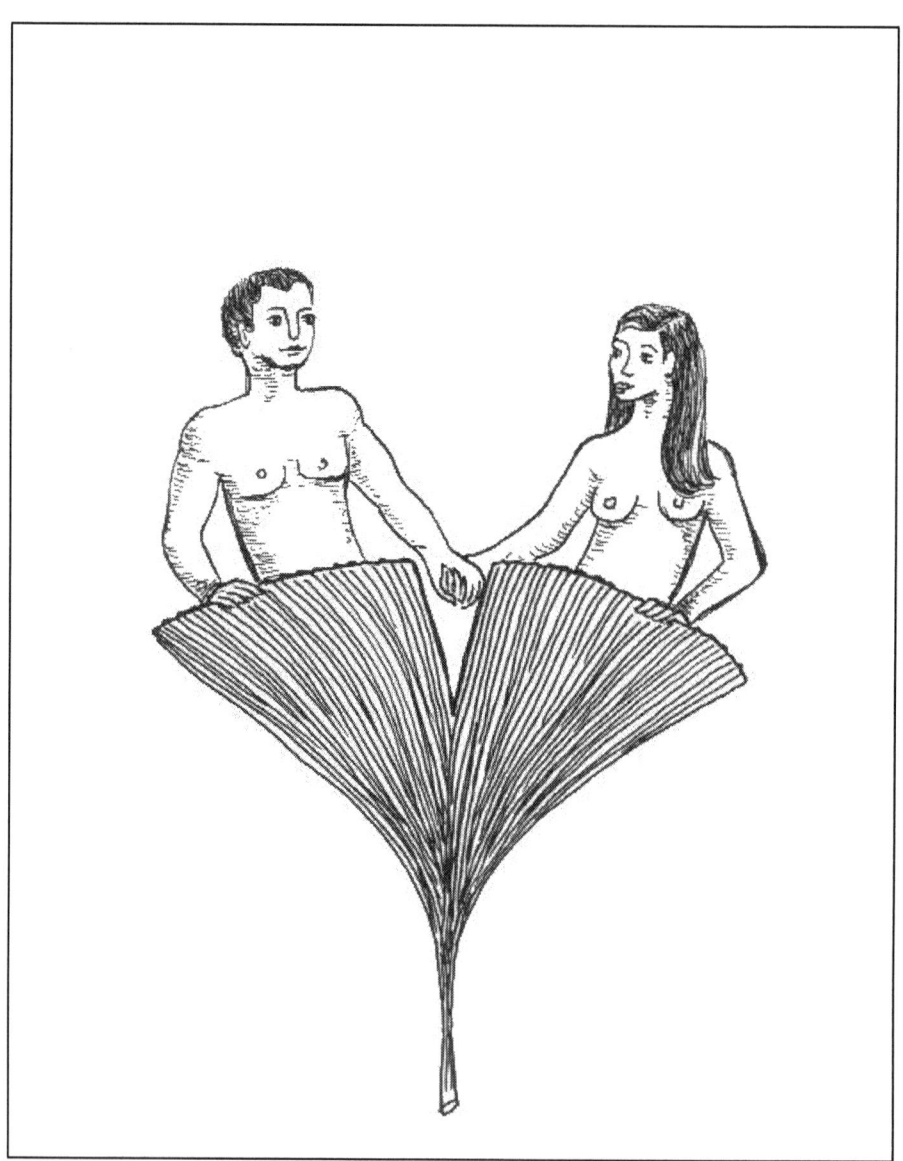

**Abb. 19** Das Blatt des Gingko biloba (Weltenbaum) ist ein Symbol für das ursprüngliche Einssein des Männlichen und Weiblichen.

## 2. Die seelische Ebene

Im zweiten Kapitel heißt es, daß Kraut und Bäume noch nicht da seien, weil Gott es noch nicht habe regnen lassen. Und es sei auch noch kein Mensch da, der das Land bebauen könne. Bis jetzt war alles erst eine Idee. Nun aber geht es tiefer in die stoffliche Verwirklichung. "Und Gott der Herr machte den Menschen aus einem Erdenkloß, und er blies ihm ein den lebendigen Odem in seine Nase. Und also ward der Mensch eine lebendige Seele" (1. Mos. 2, 7). Atem, Lebensenergie und Seele gehören demnach zusammen. Sie erwecken den Körper aus Erde zum Leben. Das ist es, was wir mit Gott gemeinsam haben, was uns zu seinem Abbild macht: Unsere lebendige Seele. Weil sie ein Stück vom Atem (Geist) Gottes ist, hat sie seine Eigenschaften. Sie bleibt ewig lebendig und ist unsterblich. Durch den Atem bewohnt sie den Körper. Wenn der Atem blockiert wird, schwindet die Energie und damit das Leben binnen kürzester Zeit aus dem Körper. Der wird wieder zu Erde, während die geistige Energie unserer Seele in Form unseres zu diesem Zeitpunkt erreichten Bewußtseins zurückkehrt zu ihrem Ursprung. Von dort kommt sie wieder in einen neuen Körper. Ihre persönliche Eigenart macht sich, wie jede Mutter weiß, jeweils schon beim winzigsten Baby bemerkbar. Die Seele geht in eine neue Runde, um weiterzulernen und ihren Geist im Sinne von Logos & Liebe weiter zu vervollkommnen.

Jetzt verwirklicht Gott auch seine anderen Ideen und konkretisiert die Lebensgrundlage für den Menschen. Er pflanzt ihm den Garten Eden und setzt mitten hinein den Baum des Lebens und den Baum der Erkenntnis des Guten und Bösen. "Und Gott der Herr gebot dem Menschen und sprach: Du sollst essen von allerlei Bäumen im Garten; aber von dem Baum der Erkenntnis des

Guten und Bösen sollst du nicht essen; denn welches Tages du davon issest, wirst du des Todes sterben" (1. Mos. 2, 16 - 17).

Der Mensch lebt im Paradies als ein Teil von Gott in geistigem Einklang mit ihm und wird dadurch mit allem Lebensnotwendigen versorgt. Aber es ist ein Zustand der Unbewußtheit. Die geistige Übereinstimmung mit Gott kommt noch nicht aus eigener Erkenntnis. Diesen Weg zu beschreiten, warnt Gott; denn er werde dem Menschen die Erfahrung des Todes bringen. Wenn er selbständig herausfinden will, was gut oder böse, was also mit oder gegen Logos ist, dann wird er in allem, was nicht Logos ist, dem Leid und dem Tod begegnen. Denn Leben, Glück, Fülle - also Paradies - gibt es nur in Übereinstimmung mit dem Geist Gottes.

Erst jetzt, nachdem der Mensch mit den Bedingungen des Paradieses vertraut gemacht worden ist, stellt Gott fest: "Es ist nicht gut, daß der Mensch allein sei; ich will ihm eine Gehilfin machen, die um ihn sei" (1. Mos. 2, 18) Auf dieses Bedürfnis des Menschen kommt Gott im Zusammenhang damit, daß er ihm alle Tiere des Feldes und alle Vögel unter dem Himmel bringen will, damit der Mensch ihnen Namen gebe. So wie er sie nennt, so sollen sie heißen.

Was bedeutet es, wenn man den Dingen einen Namen geben kann ? Es bedeutet, daß man sich über ihre Identität klar geworden ist und daß man sie voneinander unterscheiden kann. Mit dem Namen nimmt man etwas geistig in Besitz und kann nun darüber verfügen. (Das war schon das Thema bei "Rumpelstilzchen"). Mit der Aufgabe, allen Dingen Namen zu geben, wird der menschliche Geist herausgefordert, Logos zu ergründen, denn alle Identität hat dort ihren Ursprung.

Aber dennoch sollen die Dinge so heißen, wie der Mensch sie nennt. Er darf Erfahrungen machen mit der Wirksamkeit seines

Geistes. Denn die Bedeutung, die er den Dingen gibt, wird für sein Leben schöpferisch werden. Mit dieser Macht des Geistes muß der Mensch umgehen lernen. "Und der Mensch gab einem jeglichen Vieh und Vogel unter dem Himmel und Tier auf dem Felde seinen Namen: aber für den Menschen ward keine Gehilfin gefunden, die um ihn wäre" (1. Mos. 2, 20).

Gerade bei der Aufgabe, Namen zu geben und dadurch die Identität der Schöpfung zu erfassen, wird eine Gehilfin für den Menschen vermißt. Das ist bedeutsam; denn es weist darauf hin, daß er sie vor allem für die geistige Eroberung der Welt braucht. So läßt Gott einen tiefen Schlaf über den Menschen fallen, entnimmt ihm eine Rippe und baut daraus ein Weib. Warum nimmt er nicht einen neuen Lehmkloß, sondern einen Teil vom Menschen ? Die innige Verbundenheit und wechselseitige Bedingtheit der beiden menschlichen Formen soll damit zum Ausdruck gebracht werden. Die Rippe ist ein Bestandteil der Brust. Dort schlägt das Herz, das wir landläufig als den Sitz der Gefühle ansehen. Aus dieser Qualität des Menschen ist das Weib gemacht.

Als Gott es zum Menschen bringt, sagt der: "Das ist doch Bein von meinem Bein und Fleisch von meinem Fleisch; man wird sie Männin heißen, darum daß sie vom Manne genommen ist". (1. Mos. 2, 23) "Darum wird ein Mann Vater und Mutter verlassen und an seinem Weibe hangen, und sie werden sein ein Fleisch". (1. Mos. 2, 24). "Und sie waren beide nackt, der Mensch und sein Weib, und schämten sich nicht." (1. Mos. 2, 25)

Die letzten drei Verse des zweiten Kapitels verdeutlichen dreierlei:

1. Das Wort "Männin" ist eine ungewöhnliche Wortschöpfung. Es soll den ursächlichen Zusammenhang zwischen dem männlichen und dem weiblichen Aspekt der Seele verdeutlichen. Aus dem männlichen Aspekt geht der weibliche hervor. Das Denken ist die Ursache für das Fühlen. Das Lebensgefühl ist von demselben "Bein und Fleisch" wie das Bewußtsein, es ist seine Schöpfung.

2. Daß der Mann sein Elternhaus verlassen wird, um seinem Weibe anzuhangen, bedeutet zweierlei: Auf die inneren Vorgänge bezogen soll der männliche Aspekt unserer Seele, also unser Denken, eigenständig sein. Selbst aus den Prägungen durch die Eltern soll es sich lösen, um auf eigenen Füßen zu stehen. Für den Erwachsenen ist das eigene innere Weib, sind die eigenen Gefühle (Glück und Leid) Indikatoren und Leitstern bei der Suche nach der Wahrheit (Logos). Unseren Gefühlen sollen wir folgen, um uns helfen zu lassen, die richtige Ausrichtung unseres Denkens zu finden. Die eigenständige geistige Verarbeitung der Welt erfordert oft, daß wir altgewohntes Denken verlassen müssen, um über Gefühle der Liebe unserem höheren Selbst ins Glück folgen zu können. Für diesen innerseelischen Prozeß ist eine äußere Entsprechung und damit ein praktisches Übungsfeld vorgesehen, indem der Mann seine Eltern verläßt, um unabhängig von ihnen eine eigene Ehe zu gründen und mit seiner Frau wie "ein Fleisch" zusammenzuleben.

3. Bis jetzt ist immer nur vom Menschen und seinem Weib die Rede. Auch die Betonung, daß sie sich ihrer Nacktheit nicht schämen, ist ein Ausdruck für die "Unschuld" der Seele in

diesem Schöpfungsstadium. Sie hat den Weg der Erkenntnis noch nicht angetreten. Sie kennt die Gegensätze der Dualität noch nicht und brauchte sich noch nicht selbst zu entscheiden, was sie für richtig und falsch halten und welcher Alternative sie folgen will, um sie praktisch zu erproben und sich anhand von Erfahrungen mit Logos auseinanderzusetzen und zu lernen, was richtig und was falsch ist. Weil sie in diesen geistigen Prozeß noch nicht eingetreten ist und sich selbst noch nicht auf dem Hintergrund der Welt erkannt hat, besitzt die Seele noch keine Individualität, noch keine Persönlichkeit und deshalb auch noch keinen Namen. "Mann und Männin", "Mensch und sein Weib" genügen vorerst. Damit wird zunächst nur die prinzipielle Funktionsweise der Seele bezeichnet, nämlich ihr männlicher und ihr weiblicher Zugang zur Welt mit der Aufgabe, beide in der Gotteserkenntnis zu vereinen.

## 3. Die körperliche Ebene

Im dritten Kapitel wird der Erkenntnisprozeß in Gang gesetzt, und die Schöpfung geht in ihre körperliche Form über. Die Schlange ist die Verführerin, und sie wendet sich an die weibliche Seite der Seele. Unsere Wünsche und Sehnsüchte, hier in das Bild der Schlange gekleidet, entstehen in unseren Gefühlen, denn dort ist das Streben nach Glück im Menschen angelegt. Im Fühlen ist der Mensch existentiell mit dem Sein verbunden. Seine Lernprozesse gehen deshalb von Erfahrungen aus. Nur was er aus Erfahrung weiß, versteht er wirklich.

"Sollte Gott wirklich gesagt haben, daß ihr nicht von allen Bäumen essen dürft ?" fragt die Schlange. Das Weib bestätigt es und wiederholt noch einmal das Verbot. "...aber von den Früchten des Baumes mitten im Garten hat Gott gesagt: Esset nicht davon, rührt's auch nicht an, daß ihr nicht sterbet." (1. Mos. 3, 3). "Da sprach die Schlange zum Weibe: Ihr werdet mitnichten des Todes sterben, sondern Gott weiß, daß, welches Tages ihr davon esset, so werden eure Augen aufgetan und werdet sein wie Gott und wissen, was gut und böse ist. Und das Weib schaute an, daß von dem Baum gut zu essen wäre und daß er lieblich anzusehen und ein lustiger Baum wäre, weil er klug machte; und sie nahm von der Frucht und aß und gab ihrem Mann auch davon, und er aß." (1. Mos. 3, 4 - 6).

Die Schlange sagt eigentlich nichts Falsches. Tatsächlich ist die Seele unsterblich wie Gott, und als Teil von ihm hat sie bereits seine Eigenschaften. Sie ist sich dessen nur noch nicht bewußt. Erst durch die Erkenntnis ihrer Göttlichkeit wird sie wirklich so sein wie Gott. Mythologisch wird die Schlange auch als ein Symbol der Weisheit gedeutet, weil sie sich wieder und wieder häutet und genau wie im Erkenntnisprozeß Altes und Überholtes abstreift und immer wieder hinter sich läßt.

Durch die Informationen der Schlange werden die Wünsche des Weibes geweckt. Die Begehrlichkeit der Gefühle erzeugt die Lust, klug zu werden. Also nimmt das Weib den Apfel, und kommentarlos nimmt der Mann ihn aus ihrer Hand, und beide essen davon. Die Unbewußtheit in der männlichen Seite der Seele macht die weibliche Seite anfällig für glücksversprechende Angebote von außen.

Das erste, was die beiden Menschen nach dem Biß in den Apfel erkennen, ist ihre Nacktheit. "...Und Adam versteckte sich mit seinem Weibe vor dem Angesicht des Herrn..." (1.Mos. 3, 8). An dieser Stelle wird der Mensch zum ersten Male "Adam" genannt.

Mit dem Erkenntnisprozeß gewinnt er eine Persönlichkeit und unterscheidet sich dadurch von anderen Menschen. Deshalb bekommt er jetzt einen individuellen Namen. Gott ruft ihn bei seinem Namen, und Adam antwortet: "...Ich hörte deine Stimme im Garten und fürchtete mich; denn ich bin nackt, darum versteckte ich mich." Mit der Übertretung des Gebotes stellen sich sofort ein schlechtes Gewissen und Schuldgefühle ein. Gott zieht Adam zur Rechenschaft, und der reagiert, wie es für die Unbewußtheit typisch ist, indem er die Schuld auf andere schiebt (Abb. 20): "...Das Weib, das du mir zugesellt hast, gab mir von dem Baum, und ich aß." (1. Mos. 3, 12). Nicht nur das Weib, sondern indirekt auch Gott macht Adam für seine Verfehlung verantwortlich. Daß die Ursache in seinem Bewußtsein liegt, kann er noch nicht sehen. Das Weib reagiert ebenso mit Schuldzuweisung, als es von Gott zur Rechenschaft gezogen wird, und macht die Schlange verantwortlich.

Diese Eigenschaft, die Auswirkungen des eigenen Denkens nach außen und auf andere zu projizieren und nun dort die Ursache zu sehen, ist Ausdruck der menschlichen Unbewußtheit. Alles, was daraus folgt, vertreibt den Menschen aus dem Paradies. Er verliert die geistige Einheit mit Gott und muß sie nun in einem eigenen Weg des Erkennens und der Einsicht selbständig zurückgewinnen.

Dabei bekommen Mann und Frau im Leben unterschiedliche Lern- und Übungsfelder. Der Mann soll dem Acker zwischen Dornen und Disteln seinen Lebensunterhalt abringen. Durch Versuch und Irrtum muß er die verborgene Gesetzmäßigkeit der Schöpfung herausfinden, um selbst schöpferisch damit umgehen zu lernen.

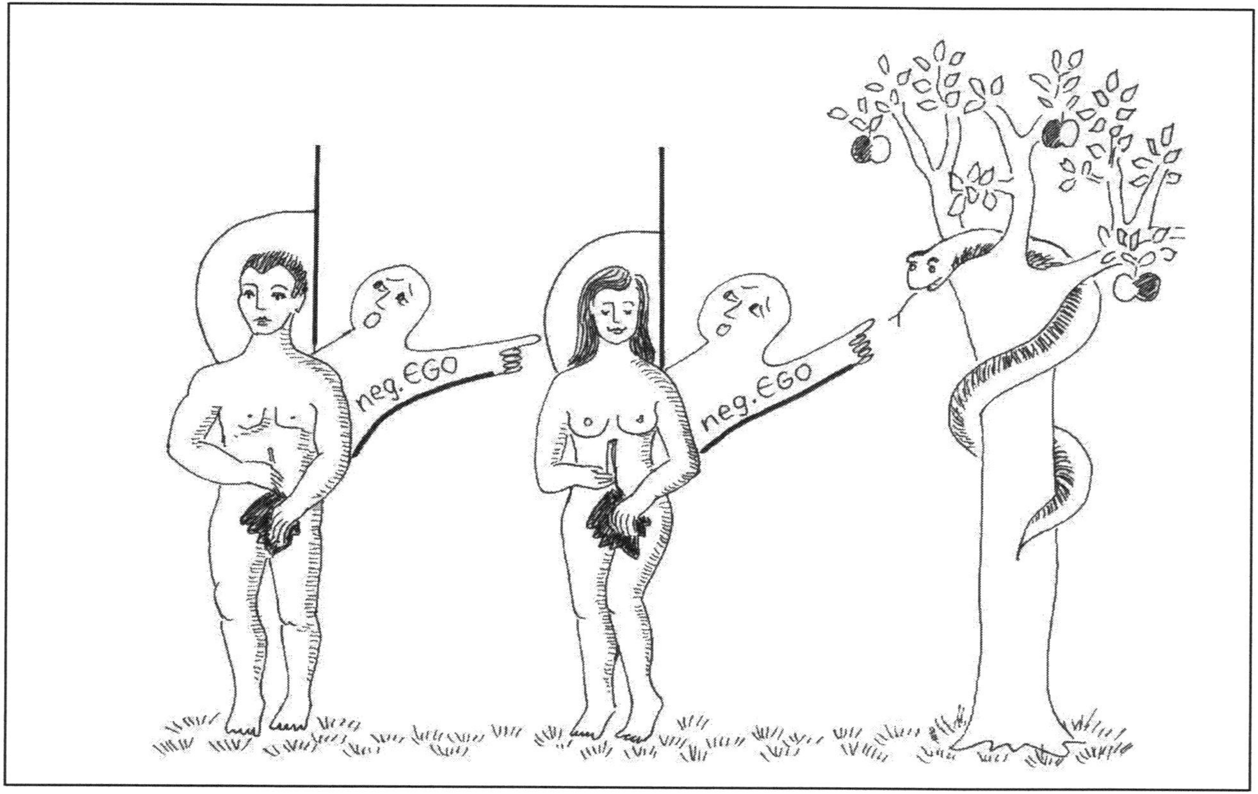

**Abb. 20** Schuldzuweisung ist Außenprojektion und entsteht durch Unbewußtheit. Noch immer vertreiben wir uns damit selbst aus dem Paradies. Wie lange noch ?

"Im Schweiße deines Angesichtes sollst du dein Brot essen, bis daß du wieder zu Erde werdest, davon du genommen bist. Denn du bist Erde und sollst zu Erde werden." (1. Mos. 3, 19) Dieser Hinweis auf die Vergänglichkeit bezieht sich nicht nur auf Adams Körper, sondern auch auf seine Werke. Sie bleiben Stückwerk, weil sie Logos immer nur in einem winzigen Aspekt widerspiegeln. Und durch ihre Bindung an die Erde werden sie sich in dieser auch wieder auflösen.

Dem Weib gibt Gott die Aufgabe, unter Schmerzen neues Leben zu gebären. Das bezieht sich nicht nur auf die Kinder, sondern auch auf die seelische Aufgabe, immer wieder neu das Zusammenleben möglich zu machen. Denn das Verlangen des Weibes soll nach seinem Manne sein. Das weibliche Bedürfnis nach harmonischen Beziehungen hat einen beherrschenden Einfluß auf das Leben der Frau. Immer wieder macht sie dabei schmerzvolle Prozesse durch, wenn sie mit ihrem eigenen negativen Ego ringen und es überwinden muß. Aber sie schafft dabei neues Leben, und dies nicht nur im irdischen, sondern im ewigen Sinne. Diese Eigenschaft trägt ihr den Namen "die Lebendige" ein: "Und Adam hieß sein Weib Eva, darum daß sie eine Mutter ist aller Lebendigen." (1. Mos. 3, 20). Von Adam bekommt sie diesen Namen; denn erst durch Bewußtheit wird Eva (die weibliche Seite der Seele) zu der lebensspendenden Kraft, die den Menschen wieder mit seinem Ursprung verbinden und ihn ins Paradies zurückführen kann.

## Das Tesafilm-Problem

Die Verfasser der Schöpfungsgeschichte haben noch nichts von emotionaler Intelligenz gewußt. Sonst hätten sie nicht so ein düsteres Bild von dem Weg der Erkenntnis auf der Erde gezeich-

net. Der Acker sei verflucht, auf dem Adam seine Nahrung gewinnen muß. Dornen und Disteln soll er tragen, und nur unter
schweißtreibender Anstrengung soll ihm Nahrung, und dann
auch nur Kraut zum Essen abzuringen sein. Schmerzvoll soll es
für die Frau sein, neues Leben zu gebären. Zweifellos ist das die
Erfahrung der Menschen in vielen Jahrtausenden gewesen. Wir
können heute nicht mehr unterscheiden, wieweit diese leidvollen
Erfahrungen gemacht wurden, **weil** solche negativen Bilder den
Glauben der Menschen geprägt haben und dann entsprechend
schöpferisch geworden sind.

Vielleicht erscheint auch der hier dargestellte innere Weg, durch
emotionale Intelligenz die Liebe zu verwirklichen und unsere
partnerschaftlichen und familiären Beziehungen zu heilen, als ein
undurchführbares Unterfangen. Denn auch hier sind wir von
jahrtausendealten negativen Erfahrungen geprägt, und unsere
familiären Konflikte gehen uns besonders tief unter die Haut.

Dann geht es uns wie den Konzernmanagern und Generaldirek-
toren, die ein neues Produkt auf dem Tisch ihrer Vorstandsitzung
liegen hatten und nun beratschlagten, wie man es vermarkten
könne. Sie waren vollkommen ratlos, denn das Produkt war ein
durchsichtiges Zellglasband, das auf einer Seite klebrig war. Jeder glaubte zu wissen, daß die Klebrigkeit es verhindern würde,
diesem Produkt eine handelbare Verpackung zu geben. Mehrere
Tage schon hatten sie über dieses Problem konferiert. Auch
heute hatten sie den ganzen Tag mit rauchenden Köpfen gesessen, hatten das Problem hin und her gewälzt und waren doch
keinen Schritt weitergekommen.
Es war längst Feierabend. Da klopfte es leise an die Tür, und die
Putzfrau steckte den Kopf herein und fragte zaghaft, wann sie

denn mit ihrer Arbeit beginnen könne. "Kommen sie nur herein", ermunterte sie der Vorsitzende jovial, "wir kommen heute doch zu keinem Ergebnis mehr. Unser Problem scheint unlösbar zu sein." "Was haben Sie denn für ein Problem ?" fragte die Putzfrau nähertretend. Der Vorstandsvorsitzende wies auf das durchsichtige Klebeband, das lang hingestreckt auf dem Mahagonitisch lag, und erläuterte ihr die Schwierigkeiten. Die Putzfrau tippte mit einem Finger auf das Band, um zu prüfen, wie klebrig es war. Dann griff sie in ihre Schürzentasche und holte einen Korken hervor, den sie beim Aufräumen dorthin entsorgt hatte. Den Korken legte sie auf das Klebeband und fing an, es aufzurollen. Das Ende hielt sie fest, zog daran, und siehe da - das Tesaband ließ sich leicht auch wieder abziehen und klebte wie zuvor. Verwundert fragte sie in die Männerrunde:

**"Und wo ist das Problem ?"**

A.M.D.G.

# Das Gebet Christi (neu formuliert)

Eine Vision für die Heilung des Menschen im Zeitalter des Wassermanns

**Lieber Gott, Vater/Mutter des Kosmos !**

Dein Heiliger Geist erwecke unsere Herzen !

Dein Reich der Liebe und der Fülle breite sich aus unter den Menschen !

Dein heiliger Wille werde der unsrige und regiere die Erde wie den Himmel !

Gewähre uns täglich, was wir an Brot und Einsicht brauchen !

Lösche in uns die Auswirkungen unserer Fehler, wie auch wir die Fehler unserer Nächsten und Mitmenschen verzeihen.

Befreie uns aus der Macht unserer unreifen Denkgewohnheiten und erlöse uns von allen blockierenden Einstellungen, damit wir Deine Nähe und ihren Segen genießen können.

Denn Dein ist das Gesetz und die Liebe, Deine schöpferischen Energien, mit denen Du zu allen Zeiten das Leben in Herrlichkeit fortzeugst und erneuerst.

Du hilfst uns (mir), in Deinem Geiste zu wachsen !

**Amen!**

Haben Sie Fragen oder Anmerkungen ?
Möchten Sie Rückmeldungen geben ?
Suchen Sie Gedankenaustausch ?
Möchten Sie Ihre Erfahrungen mitteilen ?


Meine E-mail Adresse ist:

heidrun.maurer@gmx.de

# Weitere empfehlenswerte Bücher

im Verlag May (online über www.verlagmay.de)

Pedro de Souza:
**Der Ozeanfrosch**
Taschenbuch, 183 Seiten, DM 24.80
ISBN 3-934699-02-2

Pedro de Souza
**Evangelium 2000 - Der Himmel auf Erden**
Taschenbuch, 127 Seiten, DM 19.90
ISBN 3-934699-00-6

Martina May
**Jesu Wundertüte**
Für Menschen ab 8 Jahren, DM 22,00
ISBN 3-934699-01-4


Im Verlag Knaur

Sabine Korte, Mahindra de Souza
**Der Christus-Meister**
Taschenbuch, 206 Seiten, DM 14.90
ISBN 3-426-86176-3